U0499500

本书是国家社会科学基金项目
"援助波动对受援国减贫影响及其对我国援外政策的启示研究"
（批准号：18BJL103）的成果

援助波动对受援国减贫影响研究

熊青龙◎著

中国财经出版传媒集团

经济科学出版社
Economic Science Press

·北京·

图书在版编目（CIP）数据

援助波动对受援国减贫影响研究／熊青龙著．

北京：经济科学出版社，2024.9. -- ISBN 978 - 7 - 5218 -

6404 - 5

Ⅰ. F114. 4

中国国家版本馆 CIP 数据核字第 2024TZ1865 号

责任编辑：朱明静
责任校对：郑淑艳
责任印制：邱　天

援助波动对受援国减贫影响研究
YUANZHU BODONG DUI SHOUYUANGUO JIANPIN YINGXIANG YANJIU
熊青龙　著

经济科学出版社出版、发行　新华书店经销
社址：北京市海淀区阜成路甲 28 号　邮编：100142
编辑部电话：010 - 88190489　发行部电话：010 - 88191522
网址：www. esp. com. cn
电子邮箱：esp@ esp. com. cn
天猫网店：经济科学出版社旗舰店
网址：http://jjkxcbs. tmall. com
固安华明印业有限公司印装
710 × 1000　16 开　13.25 印张　220000 字
2024 年 9 月第 1 版　2024 年 9 月第 1 次印刷
ISBN 978 - 7 - 5218 - 6404 - 5　定价：78.00 元
（图书出现印装问题，本社负责调换。电话：010 - 88191545）
（版权所有　侵权必究　打击盗版　举报热线：010 - 88191661
QQ：2242791300　营销中心电话：010 - 88191537
电子邮箱：dbts@ esp. com. cn）

前　言

国际援助对受援国减贫的影响是国际社会关注的焦点。现有关于援助减贫效果的研究，结论倾向于国际援助对受援国减贫的作用是低效的。现有研究对影响援助减贫的因素展开了讨论，但这些因素并不能完全解释援助减贫低效现象，忽视了援助资金波动导致的影响。为此，本书以援助波动对受援国减贫影响为研究对象，从理论、实证和案例视角深入分析援助波动对受援国贫困的影响，揭示援助波动影响受援国贫困的机理，据此优化中国对外政策，减少援助波动的负面影响。

本书的主要研究内容：第一，阐述研究背景与研究意义，界定与本书相关的重要概念，并对相关文献进行梳理；随后从援助方和受援方分别分析援助资金波动基本情况，进而分析援助波动产生的原因；界定贫困内涵与测度方法，并从不同贫困维度分析受援方贫困变化。第二，分析援助波动在帮助受援国减贫中的角色，归纳援助波动与受援国减贫的理论联系，并尝试采用数理模型分析援助波动对受援国减贫的影响。第三，采用计量与机器学习结合的实证方法从不同贫困维度检验援助波动对受援国减贫的影响。具体而言：用计量方法检验援助波动对受援国健康贫困和经济贫困的影响；用机器学习方法测算援助波动对受援国健康贫困和经济贫困的影响程度。第四，为避免研究视角的偏误，进一步补充援助波动影响受援国减贫的个案分析。第五，梳理中国对外援助发展脉络，测算中国对外援助资金波动情况，总结中国援助减贫表现，并探讨了本书对我国援外政策的启示。第六，对本书进行概括性总结。

本书的主要研究结论有以下六点。

第一，援助波动普遍存在，原因多样。引发援助波动的原因主要涉及援助方、受援方和其他方面。自20世纪90年代以来，全球贫困有所下降，但不同地区和国家间减贫效果差异显著。

第二，从理论分析视角看，援助波动对贫困的影响复杂。理论上，援助波动可能抑制减贫效果，通过扭曲受援主体行为降低援助效率。模型分析显示，援助波动不利于减贫，且难以预测。

第三，实证研究表明，援助波动恶化了受援国的健康贫困，援助波动可通过卫生健康支出间接影响减贫。基于机器学习方法的进一步分析发现，虽然援助波动会影响受援国健康贫困，但援助波动并不是影响受援国健康贫困的重要因素，其影响程度介于2%~4%。实证检验发现，援助会减少经济贫困，但援助波动对经济贫困的影响不显著，援助波动对经济贫困有滞后效应。机器学习方法显示援助波动对经济贫困的影响较小，但负向波动的负面影响比正向波动的更大。

第四，从具体的援助实践案例看，援助波动确实会影响受援国贫困。其中，负向援助波动对受援国减贫的负面影响显而易见；正向的援助波动会扭曲受援主体行为，长期看也不利于受援国减贫。

第五，中国的对外援助具有鲜明的历史阶段性和独特性，自2000年以来我国对外援助也存在较大的波动；中国对外援助对受援国减贫具有积极贡献，也存在不足。

第六，本书对我国援外工作和政策具有一定的启示。这些启示主要有：其一，科学认识援助波动对受援国减贫的影响，认识援助波动在不同维度上对受援国贫困影响的差异性。其二，为减少援助波动，我国应优化援外资金分配。其三，为降低援助波动的负面影响，我国应加强援助国际协调。

目　　录

| 第 1 章 |

绪　　论

　　贫困一直是困扰人类全面发展的课题，为应对贫困国际社会付出了持续努力。援助是帮助受援国应对贫困的工具之一，援助资金波动对受援国减贫影响是本书所关注的焦点。本章主要阐述选题的时代背景、研究意义、研究思路和研究方法等。

1.1　研究背景与意义

1.1.1　研究背景

　　国际援助对受援国减贫的影响是国际社会关注的焦点。联合国制定了2030 年在全球消除极端贫困的宏伟目标，也鼓励国际社会向发展中国家提供援助以帮助减贫。为帮助受援国实现经济增长和减少贫困，国际社会长期提供了大量援助资金，特别从 21 世纪以来，国际社会提供的援助稳步增长。按照 2020 年不变美元价格计算，2000 年世界总援助金额就达到 738.6 亿美元，到 2020 年总援助金额更是增长至 2046.9 亿美元，2020 年的援助规模是2000 年的 2.77 倍。①

　　对援助减贫效果的关注自然成为学术研究的重点领域，然而大量的研究

---

　　① 已收到的净官方发展援助（现价美元）［EB/OL］. 世界银行公开数据库（World Bank Open Data），https：//data. worldbank. org. cn/indicator/DT. ODA. ODAT. CD？ end = 2021&start = 1990.

表明过去几十年以西方发达国家为主导的国际援助对受援国减贫的作用是低效的（熊青龙，2018）。鉴于国际援助对减贫影响的低效性，部分文献研究了影响援助减贫效果的影响因素，大部分研究从受援国的制度和政策因素展开讨论，其研究结论倾向于认为好的制度和政策条件会提升援助的减贫效果（Burnside & Dollar，2000；Boone，2016；Bourguignon & Platteau，2017）。但是，受援国自身的制度和政策因素并不能完全解释援助的低效率现象，主要由援助方所导致的援助波动可能是另外一个影响因素。

然而，由于各种原因导致受援国每年接受的援助资金不稳定却是一种常态（本书将援助资金的不稳定现象称为援助波动）。受援国所接受的援助无论从横向还是纵向看，援助流的不稳定都普遍存在，且波动幅度存在较大差异。从横向比较看，不同受援地区（或不同受援国）之间的援助流波动存在很大差异，有的波动幅度大，有的波动幅度小；从时间维度看，即便同一个受援主体，其在不同时间点上所接受的援助流的波动幅度有时大、有时小。图1-1随机列举了1980~2018年三个受援地区和三个受援国家接受援助波动情况。从三个地区相互比较看，太平洋岛国的援助波动幅度最大，中东与北非地区最小；而从三个受援国相互比较看，马拉维的援助波动最大，埃塞俄比亚最小。单从马拉维看，其在2000年前的援助波动大，而在2000年之后援助波动变小。

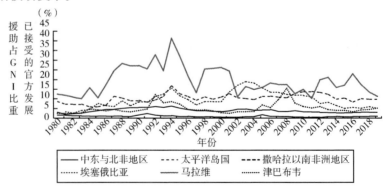

图1-1　部分地区与国家接受的援助波动情况

资料来源：笔者根据世界银行资料计算绘制而成。

当前，全球经济增长乏力，援助方经济增长和财政收入受到很大影响，对外援助资金流更加不稳定，援助流的不稳定对受援国的负面影响将不利于全球经济复苏，也不利于 2030 年全球可持续发展目标的实现，特别对严重依赖援助的国家其影响将更加深刻。

此外，新中国自成立之初就开始提供对外援助，至今已经过去 70 多年。自 2000 年以来，随着我国国力的增长，中国也完成从受援国向援助国角色转变。近些年中国对外援助规模快速发展，迅速成长为国际援助资金的重要提供方。随着国力增长，未来中国将持续提供对外援助，减少援外资金流不稳定的负面影响也是提升中国对外援助减贫效率的题中之义。

1.1.2　研究意义

从全世界的视角看，援助资金的不稳定对受援国究竟有何影响，它是否会降低援助减贫效果，该如何克服援助波动的负面影响都是值得研究的课题。此外，21 世纪以来我国也提供了大量对外援助以帮助受援国发展与减贫，我国援外资金波动对受援国减贫有何影响也是我国援外工作值得关注的问题。因此考察援助资金波动对受援国减贫的影响对包括中国在内的国际社会都具有重要现实意义。

本书有助于深入认识国际援助资金波动对受援国减贫影响的理论机制，有助于深入考察和检验援助波动对受援国减贫的实际影响，有助于优化我国援外政策。具体来说，研究援助波动对受援国减贫影响的意义体现在以下几个方面。

（1）理论意义

首先，有助于深入认识援助波动影响受援国减贫的机制和程度，为优化援助政策提供理论支撑。有助于深入认识援助波动对减贫影响的方向、程度和来源，揭示援助波动与受援国减贫之间的定量关系。

其次，为提升援助减贫效果提供理论依据。本书能够揭示援助波动对受援国贫困的影响，从而可为如何抑制援助波动的负面影响提供理论指导，为更好指导援助减贫实践提供更符合实际的理论指导。

（2）实践意义

一方面，减少援助资金波动对受援国减贫的负面影响是提升援助减贫效率的一个途径，对中国的对外援助实践也具有现实意义。1950 年以来，新中国就对外提供大量援助。21 世纪以来，随着国力的增强中国逐渐提高对外援助规模，随着"一带一路"倡议的提出和推进，中国政府未来必将加大对外援助力度。本书对科学分配对外援助资金，加强对外援助协调，避免援助波动的负面效应，提升我国援助减贫效果，并进而提升中国对外援助影响具有重要的实践价值。

另一方面，本书能为国际社会的国际援助减贫实践提供有参考价值的指导。西方发达国家一直是发展援助的主导方，在长期的援助实践中，其援助减贫效果差强人意，为此，要考察援助资金波动对受援国减贫的影响，并从抑制援助波动负面影响视角提出政策建议。因此，本书对国际社会制定或改进国际援助政策、提高援助的减贫效果具有重要现实意义。

1.2　研究思路与方法

1.2.1　研究思路

本书的研究思路：第一，在阐述研究背景与研究意义基础上，界定与本书相关的重要概念，并对相关文献进行梳理；第二，从不同视角梳理援助资金波动基本情况及产生原因，并从不同贫困指标阐述世界及受援地区贫困变化；第三，全面总结援助波动与受援国减贫的理论关系，分析援助波动在帮助受援国减贫中的角色，尝试采用数理模型分析方法加强对援助波动影响减贫的理论认识；第四，采用计量与机器学习结合的实证方法从不同贫困指标检验援助波动对受援国减贫的影响；第五，进一步采用援助案例分析援助波动对受援国减贫的影响;第六,对中国对外援助发展历史、援外资金波动、援助减贫影响等基本情况进行梳理与分析,并归纳总结本书对中国援外政策的启示。最后,对本书进行总结。具体而言,本书的研究框架如下。

第 1 章,绪论。该部分主要阐述研究背景、研究意义、研究思路、研究方法、研究难点和创新点。

第 2 章,相关概念与文献综述。该部分主要界定重要概念,然后对相关文献进行全面梳理。

第 3 章,援助资金波动及原因分析。该部分首先从援助方、受援方角度梳理援助资金波动情况,其次利用极差、标准差和离散系数指标测算援助波动大小,进一步使用 HP 滤波技术剔除时间趋势的影响,深入观察援助资金波动状况,最后分析导致援助资金波动的具体原因。

第 4 章,贫困内涵与受援方贫困变化。该部分首先对贫困内涵与测度方法进行梳理,其次,分别从经济贫困和能力贫困两个维度多个指标对受援方贫困变化展开分析。

第 5 章,援助资金波动对受援国减贫影响的理论分析。首先,阐述援助及援助波动在帮助受援国减贫中的角色;其次,分析援助及援助波动与减贫的理论联系;最后,为了在经济系统中更加深入观察援助与援助波动对受援国贫困影响的传导机制,尝试从模型经济角度深入考察援助及援助波动对受援国减贫的影响机理。

第 6 章,援助波动对受援国减贫影响的实证分析。该部分利用计量经济学与机器学习方法,从实证的角度分析援助波动对受援国贫困的影响。具体而言,该部分从健康贫困与经济贫困两个贫困维度的 6 个贫困指标实证检验援助波动对受援国减贫的影响。

第 7 章,援助波动对减贫影响的案例分析。该部分通过收集典型案例,分别从负向援助波动与正向援助波动角度分析援助波动对受援方贫困的影响。

第 8 章,中国对外援助及研究启示。该部分首先从不同角度对中国对外援助基本情况进行梳理。其次,基于中国对外援助实际情况,结合研究主要发现，总结本书带来的启示与政策建议。

第9章，研究总结。该部分主要归纳本书的主要结论和研究不足。

为更加直观，将本书的主要研究框架绘制成图1-2。

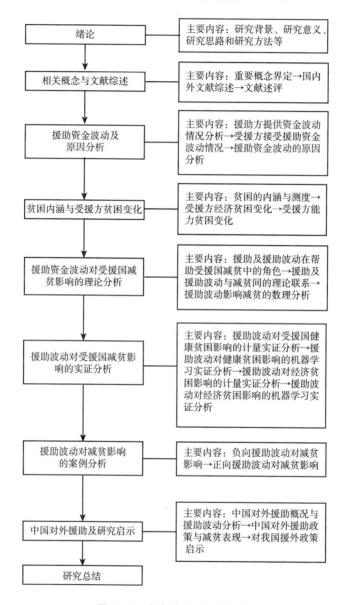

图1-2 本书的主要研究框架

资料来源：笔者绘制。

1.2.2　研究方法

本书在大量阅读国内外相关文献的基础上，主要运用宏观经济学、发展经济学、贫困经济学、计量经济学和机器学习等学科知识，针对援助波动对受援国减贫影响进行深入研究。

具体而言，本书涉及的主要研究方法有以下几种。

第一，理论与实证相结合的研究方法。在理论分析方面，主要利用发展经济学、宏观经济学理论对援助波动影响减贫的理论机制进行研究。例如，利用发展经济学理论分析援助与减贫的理论关系；利用宏观经济学的相关理论模型，尝试构建数理分析模型，来分析援助波动对受援国减贫影响。而在实证研究方面，利用计量经济学的方法来检验援助波动对受援国减贫的影响，利用机器学习的方法测算援助波动影响受援国减贫的程度。

第二，整体和个体相结合的研究方法。除了从全球宏观层面分析援助波动影响受援国宏观减贫效果外，本书还采用个案的分析方法，通过典型的国际援助案例来分析援助资金波动的影响，以使研究结论更为可靠。

从更具体的技术层面看，本书在研究中涉及的主要研究方法包括文献研究法、统计分析法、HP 滤波方法、动态随机一般均衡分析、两阶段系统GMM 估计法、随机森林机器学习方法。

1.3　研究创新点与不足

1.3.1　研究创新点

关于本书的创新点或贡献，笔者认为可能包括以下几点①。

---

① 由于笔者知识的局限性，对本书创新的评价可能过高，也希望各位读者批评指正。

第一，从理论研究方面看，本书更加全面深入地讨论了援助波动对受援国减贫影响的理论机制。本书更全面分析了援助波动产生的原因，援助波动影响减贫的路径和传导机制，归纳了援助波动与减贫的理论关系，并通过数理分析加深了对援助波动影响减贫的认识。

第二，在实证研究方面，本书更加全面地检验了援助波动对减贫的影响。首先，本书实证检验了援助波动对受援国卫生健康贫困、经济贫困的影响，并利用机器学习方法检验了援助波动影响受援国健康贫困与经济贫困的重要性程度。其次，本书收集了部分案例资料，其中涉及受援国家庭（个人）、社区等微观层面，使讨论更加全面。

第三，在研究视角方面，对中国对外援助波动进行了深入讨论。利用HP技术分析了中国对外援助资金波动情况，为改进我国对外援助政策提供了有益的参考。

第四，从研究方法看，在实证检验方面采用了新方法。首先，采用机器学习方法分析了援助波动对受援国健康贫困和经济贫困的影响，目前还未见公开发表的类似文献，在研究方法上具有一定新颖性。其次，基于计量和机器学习相结合开展实证检验，充分发挥各自的优势，使实证检验更加科学。

1.3.2 研究不足

第一，如何合理地构造一个即简洁又符合现实的援助波动影响受援国减贫的数量分析模型非常困难。构造模型时在简洁与符合现实上比较难以取舍。为使论述简洁、求解方便，模型在构造时在理论基础、设定、条件假设上必须进行简化，但也必然牺牲许多现实性。例如，在本书中关于援助波动对减贫影响所建立的动态随机一般均衡模型没有考虑政府效用、没有考虑受援国的异质性、没有对应的数据进行实证检验等，使最终的结果只能简化地刻画援助及其波动的影响，与实际情况还存在较大的差距，还有待进一步完善和提高。

第二，高质量的微观层面资料和数据比较难以获取。关于援助波动对减贫的影响，宏观与微观层面可能存在较大的差异。而关于受援主体的个人、家庭、村落、社区等微观层面的资料更难获取，导致很难将研究高质量地推进至微观层面。

第三，可信的中国援外数据很难获取，导致实证研究存在一定困难。由于客观原因，中国对外援助的权威性国别数据难以获得，虽然目前学界主要采用 AidData 数据，但也存在援助统计口径不一致，且缺乏近年数据，对最近中国援外资金波动情况不能完全掌握，导致研究缺乏完整性。

| 第 2 章 |

相关概念与文献综述

2.1　相关概念界定

后文在展开阐述时，经常会涉及一些重要的概念，为避免产生歧义，首先对其进行界定与说明。

第一，本书中所指援助是指国际发展援助，因此有必要对国际发展援助内涵进行界定。国际发展援助（international development assistance，IDA），也称国际开发援助，是联合国发展系统经常使用的概念。对国际发展援助的定义，不同的学者有不同的观点。但是总体来看，国际发展援助是指发达国家或高收入国家、国际组织、社会团体，以提供资金、物资、技术、设备等形式，帮助发展中国家发展经济和提高社会福利的活动（李小云等，2009）。按照国际发展援助提供主体不同，可以将其分为官方发展援助和非官方发展援助，官方发展援助是国际发展援助的最主要组成部分。

第二，本书中关于援助波动的测算是基于对官方发展援助数据的统计，因此，有必要进一步界定官方发展援助的概念。官方发展援助（official development assistance，ODA）的权威定义来自经济合作与发展组织（Organization for Economic Co-operation and Development，OECD）。官方发展援助始于二战后的"马歇尔计划"，发展援助委员会（Development Assistance Committee，DAC）自 1961 年开始统计其成员国流入发展中国家的资金流量，并将这些资金流中的官方和优惠部分称为官方发展援助。后来，DAC 于 1969 年首次对官方发展援助进行定义，指出官方发展援助是指为促进受援国经济发展和社会福利的增加，援助国官方机构（包括政府或执行机构）向发展中国家或多边机构提供的援助资金，包括无偿援助或优惠贷款。[①] 官方发展援助又可分为双边援助和多边援助，双边援助是指援助国与受援国间直接执行的发展援助。而多边援助是援助国向多边发展援助机构（例如世界银行、联合国等机构）提供资金，再由这些多边发展援助机构向受援国提供援助。

第三，在论述中，经常使用发展援助一词来代替国际发展援助或官方发展援助，因此有必要界定发展援助的概念。发展援助（Development Assistance，DA）是对国际发展援助和官方发展援助的简称，强调对外援助的目的是帮助发展中国家发展经济，严格地说，它不是国际援助领域所使用的概念，而是人们约定俗成的一个简称（张郁慧，2012）。

在本书中，后文如无特别说明，文中的"援助""发展援助""国际援助"都是指国际发展援助中的官方发展援助。

第四，由于本书聚焦于援助波动对减贫的影响，因此有必要对援助波动进行界定。援助波动，是指援助资金的不稳定现象，也被视为短期内不可预测的大幅增加或减少的援助流量（Clarke et al.，2008）。从数据上看，本书的援助波动都是基于对官方发展援助资金不稳定的统计。援助波动又可分为正向援助波动和负向援助波动。对于受援国而言，如果某期受援资金高于上期，则发生了援助资金增加，称为正向援助波动；如果某期受援资金少于上期，则发生了援助资金下降，称为负向援助波动。

由于各种原因，对于不同受援国（地区）每年实际接收的资金流是不稳定的，有的时候会增长，有的时候会下降，如果这种不稳定幅度过大，或者非常突然，会扭曲受援国不同受援主体（政府、企业、家庭或个人）的个体

---

① 资料来源于 OECD 网站，http：//www.oecd.org/dac/stats/officialdevelopmentassistancedefini-tio-nandcoverage.htm，2022 - 7 - 10.

行为，从而影响受援国的减贫效果。

第五，健康贫困，本书在部分章节使用了健康贫困的概念。由于儿童死亡率、孕产妇死亡率和预期寿命可作为衡量受援国能力贫困中健康维度的贫困指标，为表述方便，书中将这三个指标衡量的贫困称为健康贫困。对贫困内涵与测度的详细说明参见第 4 章相关内容。

2.2　文献综述

发展援助发端于二战后的"马歇尔计划"，也是发展援助减贫研究的起点。本书涉及的文献主要涉及援助与经济增长、援助与减贫以及援助波动与减贫。

2.2.1　援助与经济增长

具体来看，国内外文献对援助与经济增长关系的研究主要包括：援助对受援国储蓄和投资等宏观经济变量的影响，进而讨论援助与经济增长的关系；直接分析援助与经济增长的关系；另外部分文献分析制度和政策质量对援助促进增长的影响。

（1）研究援助通过储蓄和投资等渠道影响受援国经济增长

早期发展理论认为贫穷国家需通过外部援助增加储蓄和投资以推动经济增长。早期经济学家强调储蓄率在经济增长中的关键作用，认为低收入国家经济停滞主要因国内储蓄和投资不足，为弥补这一缺陷，他们主张寻求外部援助（Harrod，1939；Domar，1946；Lewis，1954）。强调生产再投资对维持经济增长的重要性，提倡通过援助资本推动受援国增长（Rostow，1956，1959）。并认为发达国家应提供相当于国民收入 1% 的援助，以支持贫穷国家维持基本经济增长（Rosenstein-Rodan，1961）。这些观点均表明援助在促进受援国经济增长中扮演重要角色。

另一类著名的研究是"缺口模型",其逻辑基础在于发展中国家在投资目标和可获得资本之间存在缺口,这种缺口可通过国外的发展援助得到有效弥补。其中,两缺口模型理论主张国际援助可以通过增加受援国的国内储蓄和获取外汇的能力,来缩小"储蓄—投资缺口"以及"出口—进口缺口",进而推动经济增长(Chenery & Strout,1966)。随后,有学者对两缺口模型进行了拓展,提出了三缺口模型,引入了财政缺口这一概念,认为一些发展中国家的财政收入无法满足其投资需求,财政缺口与高负债国家之间往往存在密切关联(Bacha,1990)。此外,他还讨论了如何应对 20 世纪 80 年代的拉美国家债务危机,指出援助国有条件的债务减免可以帮助受援国应对财政缺口,从而促进其投资活动。

尽管缺口模型在经济学中颇受关注,但也有文献持怀疑态度。有的研究指出国际援助可能未缩小缺口,反而扩大了缺口,且模型理想化,不适合描述长期增长(Bruton,1969;Easterly,1997)。不过,缺口模型仍具灵活性和实用性,可作为援助谈判的工具(Ranaweera,2003)。有研究发现国际援助可能增加公共支出,减少储蓄,不利于资本积累(Griffin,1970;Rahman,1968;Weisskopf,1972),外国援助对储蓄有长期负面影响(Akter,2018)。若援助用于消费,可能减少储蓄(Papanek,1972)。国际援助可能导致消费增加,引起资本和经济增长下降(Gong & Zou,2001)。对私人的援助会增加消费,提高税率和通胀率(龚六堂和邹恒甫,2001)。有研究表明大部分援助用于公共开支,且公共开支与经济增长负相关,认为援助不利于经济增长(Doucouliagos & Paldam,2006)。杨东升和刘岱(2006)的模型指出,除非援助规模大于或等于受援国人口增长,否则不会对受援国国民福利产生持久影响。

这些研究展示了国际援助问题的复杂性和多样性,强调了进一步深入研究和探讨的必要性。

(2)直接研究援助与经济增长的关系

在对援助与经济增长关系的研究中,学者得出了不同的结论。早期研究发现援助对希腊的经济增长有推动作用（Adelman & Chenery，1966），国内储蓄和援助对经济增长率的贡献显著（Papanek，1973）。在亚洲和非洲的研究也支持援助促进经济增长的观点（Rana & Dowling，1988；Levy，1988）。然而，随着研究的深入，发现援助对经济增长的贡献随时间下降（Gupta & Islam，1983），没有发现援助与经济增长之间存在显著的统计关系（Mosley et al.，1987），援助主要增加了政府消费，而非促进投资和穷人福利，并未促进经济发展（Boone，1996）。援助可能导致部分非洲国家实际汇率上升，不利于经济增长（Elbadawi，1999）。总之，直到20世纪90年代末期，援助对经济增长的影响并没有达成一致的结论。

进入21世纪后，关于国际援助与经济增长的争论仍持续。部分研究认为援助促进增长（Abdiweli & Hodan，2007；Minoiu et al.，2010；Clemens et al.，2012；Askarov & Doucouliagos，2015），认为虽然援助能促进经济增长，但存在边际收益递减，并受估计方法和控制变量选择影响（Hansen & Tarp，2000；Hansen & Tarp，2001；Mekasha & Tarp，2013）。部分研究发现援助对经济增长的影响甚微（Doucouliagos & Paldam，2009；Bird & Choi，2020），甚至发现援助对受援国经济增长无明显促进关系（Doucouliagos & Paldam，2008；Rajan & Subramanian，2008；武力超，2013；郑宇，2017）。鉴于研究结论的不一致，部分研究尝试从方法上找出原因，并指出传统检验方法的缺陷（Bourguignon & Leipziger，2006），建议建立新援助模式。部分文献探讨了援助经济增长效应在时间长短、受援国大小、宏微观方面的差异，如许滇庆等（2009）认为短期内对小国而言，援助能推动其经济增长，长时间看援助不能够帮助穷国跳出贫穷陷阱；汪淳玉和王伊欢（2010）强调援助效果的微观和宏观差异。

（3）研究政策和制度因素对援助的经济增长效果的影响

由于援助与经济增长之间关系的研究并未取得一致，部分学者转而关注受援国的政策和制度在援助和经济增长的关系中所起的作用。研究发现，援助的经济增长效果与受援国制度质量有关（Acemoglu，2003；Dalgaard et al.，2004），在具有良好财政、货币和贸易政策的国家，援助能带来正向增长效应，而在政策环境不佳的国家，援助效果有限（Burnside & Dollar，2000；Bourguignon & Sundberg，2007）。然而，也有研究指出，即使在政策环境良好的国家，也未能证实援助对经济增长的促进作用（Rajan & Subra-manian，2008）。后来部分文献更加深入考察制度质量对不同类型援助与经济增长的影响，研究发现，总体认为援助对受援国经济增长的影响取决于制度质量（Urtuzuastigui，2019；Maruta et al.，2020；Nowak-Lehmann & Gross，2021）。

也有部分文献从更广的范围寻找援助与经济增长的关系。这些研究认为对外援助的有效性取决于其他宏观经济因素的质量（Biscaye et al.，2017），认为援助可能导致寻租和腐败，会恶化受援国治理水平，进而抑制经济增长（Brautigam & Knack，2004；Economides et al.，2008）。

2.2.2　援助与减贫

由于大量的研究表明援助对经济增长的影响是存在争议的，于是部分学者开始绕开经济增长这一中间媒介，转而直接研究国际援助对贫困的影响。

（1）直接探讨援助的减贫效应

一类研究认为援助会减少受援国贫困。这些研究显示非政府援助能降低婴儿死亡率（Masud & Yontcheva，2005），显示多边和赠与援助在减贫上效果更佳（Alvi & Senbeta，2012），并强调减少不平等和增长导向型政策的重要性（Mohsen & Oyolola，2009）。进一步研究发现，对外援助能够减少贫困，不过不同的对外援助成分对贫困的影响也不同（Akobeng，2020），外国援助和食品援助对减贫有正向影响（Olofin，2013），并强调在援助减贫中企业自由环境的重要性（Mahembe & Odhiambo，2020）。部分研究重点关注了援助在非洲地区的减贫效果，再次确认了援助的减贫效果，并强调了官方发展援助、赠款和多边援助的重要性（Oduor & Khainga，2009；Mahembe &

Odhiambo，2021）。这些研究共同提升了对外国援助在减少贫困方面的有效性认识。

一类研究表明援助对受援国的减贫效果并不显著，甚至可能产生负面影响。这些研究总体上认为援助对贫困没有直接影响（Oyolola，2007），发现援助对婴儿死亡率、小学入学率和预期寿命无显著影响（Boone，1996），指出援助与减贫之间的关系因地理和经济特点而异（Arvin & Barillas，2002），认为长期援助可能导致受援国经济竞争力下降（Rajan & Subramanian，2005；Rajan & Subramanian，2009），援助可能使穷人更穷（莫约，2010）；研究发现在整个非洲，更多的援助流向了就业增长强度较低的国家，从而援助对减贫的作用有限（Page & Shimeles，2015）。援助在受援国内部不成比例地流向了更富有的地区，援助不利于最贫困人口（Briggs，2017）。这些观点挑战了援助的有效性，引发了对其实际影响的深入讨论。

随着中国对外援助规模的增长，部分学者探讨了中国对外援助的减贫效果。总体上，这些研究总体上认可中国援助的减贫作用。例如，李荣林和冯凯（2020）认为中国的援助显著促进了受援国的经济增长；杨攻研等（2021）认为伴随着中国援助规模的增加，为受援国创造了大量就业岗位，加速了中低收入国家的工业化进程，受援国的贫困率显著下降；张原（2019）指出中国以援助和投资并举的方式推动对外减贫，总体上有助于降低发展中国家的贫困发生率，但不同类型的援助和投资具有不同的减贫效应；杨励等（2022）研究了中国对非援助与非洲国家贫困率的因果关系与内在影响机制，认为中国对非援助能够显著降低受援国的贫困率；认为中国援助虽然存在部分问题，但同时也肯定了中国的援助和外国直接投资对减贫事业的重要作用（Michael，2017）。

（2）研究政策和制度因素对援助的减贫效应的影响

同样，由于援助对受援国减贫影响的研究结论并未达成一致，部分学者研究了政策和制度质量对援助减贫的影响。研究发现，援助的减贫效果依赖于受援国的制度质量（Kosack，2003；Matteis，2013），援助能有效减少具有良好政策和制度的国家的贫困水平（Burnside & Dollar，1998；Collier & Dollar，2001），强调益贫支出指数、不平等、腐败因素对援助减贫效应的重要性（Mosley et al.，2004），认为民主制度能影响援助的减贫效果（Akobeng，2020）。不过，考虑制度因素后，援助能改善收入分配和减少贫困，但影响有限（Chong et al.，2009）。这些研究揭示了政策和制度在援助减贫中的重要性。

2.2.3　援助波动与减贫

虽然一些研究从制度与政策角度讨论援助减贫低效现象，然而受援国自身的制度和政策因素并不能完全解释援助的低效率现象，主要由援助方所导致的援助波动可能是另外一个影响因素。

对援助波动的关注源于布利尔和哈曼（Bulir & Hamann，2003，2008）的开拓性工作，他们发现援助流比国内税收更富于波动，且随着时间推移而增加。有学者观察到在非洲受援国援助平均波动率达25%，而在其他地区受援国平均波动率达29.5%（Pallage & Robe，2001）。

后来，一些研究主要讨论了援助波动对经济增长的影响，认为援助波动会扭曲公共投资计划和财政计划（Bulir & Hamann，2003；Celasun & Walliser，2008；Hudson，2015），恶化部门增加值（Kumi et al.，2017），降低受援国的治理水平（Kangoye，2013），导致宏观经济的不稳定（Chauvet & Guillaumont，2009），影响受援国经济增长（Markandya et al.，2011；Houndonougbo，2017；Boateng et al.，2021）。有的研究认为援助波动不仅加剧了经济冲击的不利影响，还产生了贫困陷阱（Agenor & Aizenman，2010）。

不过，一些研究发现援助波动对受援国经济增长的影响是复杂的，发现在给定援助水平的基础上援助波动会减少增长，且向上和向下波动的影响并不一致（Hudson & Mosley，2008a）。有的研究发现对外援助的不可预测性有助于解释受援国经济中商业周期的波动性，并发现援助波动对受援国福利效应产出负面影响（Houndonougbo，2017）。有的研究认为正向援助波动与负向援助波动存在抵消效应，从统计数据上发现援助波动对增长没有显著影响（Liu & Li，2022），认为正向影响和负向影响可能会相互抵消。

目前，只有少量学者专门讨论援助波动对受援国贫困的影响，相关文献比较零散。有的研究在模型经济中研究了援助波动的影响（Agenor et al.，2010），有的研究利用国别数据进行实证检验，发现由于援助波动导致援助不能提高人类发展指数（Maqsood & Ullah，2014）。可见，关于援助波动对受援国减贫影响的研究，其研究视角还比较单一，实证方法集中于计量实证检验，缺乏全面而深入的研究。

2.3　研究述评

总之，关于援助减贫效果的研究，其研究结论倾向于过去几十年以西方发达国家为主导的国际援助对受援国减贫的作用是低效的，不过认为好的制度和政策条件会提升援助的减贫效果。总体而言，关于援助波动对受援国减贫影响的研究还十分薄弱，主要体现在以下几个方面。

第一，直接讨论援助波动对受援国减贫影响的文献并不丰富。现有关于援助减贫影响的文献更多聚焦于援助本身对受援国减贫影响展开讨论，至于对援助波动的影响，文献更多聚焦于经济影响方面，缺乏系统性讨论援助波动对受援国贫困影响。

第二，对援助波动影响减贫的理论机制缺乏全面而深入的分析。首先，对援助资金波动发展变化缺乏全面、系统性梳理；其次，对产生援助波动的原因没有从援助不同当事方开展系统分析；最后，关于援助波动影响受援国减贫的理论分析还不够深入，缺乏可信的数理基础。

第三，对援助波动影响减贫的实证检验不够深入。关于援助波动对经济贫困的影响分析不够全面，关于援助波动对受援国健康贫困影响的研究还未见公开的文献，也缺乏对不同类型的援助波动影响进行专门分析；对援助波动在减贫中的重要程度没有进行实证检验；关于援助波动影响贫困的检验主要基于计量模型，所设定模型需要诸多假设条件，导致所得结论缺乏预测性，对使用基于预测的机器学习方法还未见公开的文献。

第四，关于中国对外援助波动的相关分析还远远不足。对中国对外援助资金波动情况缺乏系统、深入的分析；对中国援助资金波动对受援国贫困影响缺乏实证讨论；现有文献也没有就如何从援助资金分配和援助国际协调角度抑制中国援助波动展开必要的讨论，更没有从优化中国对外援助政策角度展开深入讨论。

为此，本书以援助波动对减贫的影响为研究对象，以定性研究和定量研究相结合分析援助波动对受援国减贫的影响，在此基础上，总结援助波动对受援国减贫的多重影响，据此优化中国对外政策，减少援助波动的负面影响。

第3章

援助资金波动及原因分析

要研究援助波动对受援国减贫影响，首先必须掌握援助资金波动基本情况。本章将分别从援助资金提供方、援助资金接受方分析援助资金波动发展变化，然后分析产生援助资金波动的原因。

本章将利用不同指标统计援助资金的波动情况，主要指标（或方法）包括：极差、标准差、离散系数和 HP 滤波。其中极差等于最大值减去最小值，反映援助最大波动幅度，极差值越大说明援助波动幅度越大；而标准差本身可用于衡量样本波动大小，如果样本数据的标准差越大，说明援助波动性越大；为衡量援助资金对其平均值的离散程度，引入离散系数指标，其值越大，说明援助偏离其平均值越大，在一定程度上说明援助围绕平均值波动幅度越大；然而，各援助方提供的援助金额会随时间推移而逐渐增长，为剔除这种趋势的影响，引入 HP 滤波方法来衡量援助波动的大小。

由于随着时间的推移，援助资金规模存在随时间推移而逐渐增长趋势，为消除时间趋势的影响，参照霍德里克—普雷斯科特（Hodrick & Prescott，1997）的方法（简称 HP 方法），在衡量援助波动时本书采用 HP 滤波方法剔除时间趋势的影响。HP 滤波可以看作是一个近似的高通滤波器，其理论基础是时间序列的谱分析方法，是将时间序列看作不同频率之间成分的叠加，要在这些不同频率的成分中，分离出频率较高的成分，去掉频率较低的成分，即去掉长期的较稳定的趋势项，而对短期的随机波动项进行度量。

HP 滤波法是由霍德里克—普雷斯科特在分析美国战后经济景气时提出

的，这种方法被广泛用于对宏观经济趋势的分析研究中。HP 滤波的原理可以表述为：

假设经济时间序列为 $Y = \{y_1, y_2, y_3, \cdots, y_n\}$，趋势要素为 $G = \{g_1, g_2, g_3, \cdots, g_n\}$。其中，n 为样本容量，HP 滤波将 y_t (t = 1, 2, 3, …, n) 分解为：$y_t = g_t + c_t$，其中 g_t 为趋势项，c_t 为波动项，均为不可观测值。其中趋势项 g_t 被定义为式（3 – 1）的解：

$$g_t = \min\left\{ \sum_{t=1}^{n} (y_t - g_t)^2 + \lambda \sum_{t=1}^{n} \left[(g_{t+1} - g_t) - (g_t - g_{t-1}) \right]^2 \right\}$$

$$(3 - 1)$$

式（3 – 1）中 λ 为调节参数，其大小决定着趋势要素对实际序列的跟踪程度和趋势光滑之间的权衡选择。根据有关学者的研究成果（Ravn & Uhlig，2002）：对于年度数据，λ 取值为 6.25 为宜。考虑到援助数据为年度数据，因此本书中采用 $\lambda = 6.25$ 进行滤波。[①]

3.1　援助方提供资金的波动

援助资金来自援助方，援助方既有发达国家也有发展中国家。其中以西方发达国家为主体的发展援助委员会（DAC）成员为主要援助资金提供方。本节首先考察全部援助方所提供援助资金的波动情况，另外也重点观察 DAC 成员提供援助资金波动情况。

3.1.1　世界提供的总援助资金的波动

首先观察世界（包括发达国家和发展中国家）提供的官方发展援助资金

---

① 有的学者认为年度数据的 λ 应取 100，在研究中也考虑到这一点，研究中也将调节参数取为 100 滤波，不过 λ 取 6.25 更符合实际情况。

波动情况。根据世界银行数据，按照 2018 年不变美元价格计算，1980 ~ 2020 年全世界提供的官方发展援助额总体呈现波动上升趋势，其随时间变化情况参见图 3 - 1。从图 3 - 1 大致可知，1980 ~ 2020 年世界提供的援助额总体呈现上升趋势，不过也存在较大的波动。分阶段来看，1980 ~ 1999 年这一阶段的援助规模上涨较慢，总体呈现水平波动状态；而 2000 ~ 2020 年这一阶段援助规模上涨较快，呈现出波动快速上涨趋势。具体来看，从 1980 ~ 1999 年世界援助规模呈现水平波动状态（大致围绕 750 亿美元上下波动），其中 1980 年援助额约为 797.38 亿美元，到 1999 年约为 704.83 亿美元，与 1980 年相比 1999 年的援助额反而下降了。而从 2000 ~ 2020 年世界援助规模呈增长波动趋势，此阶段世界总援助额稳步增长同时兼有一定幅度的波动，其中 2000 年世界总援助金额约为 697.90 亿美元，到 2020 年总援助金额增长至 1941.02 亿美元，2020 年的援助规模是 2000 年的 2.78 倍。

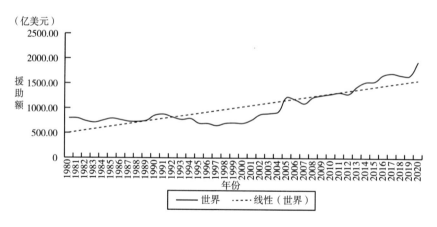

图 3 - 1　1980 ~ 2020 年世界提供的援助变化趋势

注：图中数据是已收到的净官方发展援助额，该指标以 2018 年为基准的美元不变价格衡量，图中虚线表示拟合的线性趋势。

资料来源：世界银行公开数据库。

从不同指标观察世界援助波动情况。从世界 1980 ~ 2020 年提供的援助数据看，其最小值为 650.85 亿美元，最大值为 1941.02 亿美元，其极差（最大值减最小值）为 1290.18 亿美元，最大值是最小值的 2.98 倍，可见其波动幅度较大；1980 ~ 2020 年世界援助额的平均值为 1032.54 亿美元，标准差为 365.74 亿美元，离散系数（标准差除以平均值）为 0.35。

为剔除时间趋势的影响，采用 HP 滤波方法剔除时间趋势项后，1980～2020 年的世界援助波动情况如图 3-2 所示。经过 HP 滤波后，可以观察到 1980～1999 年中绝大部分年份的援助波动范围在 -50 亿美元至 50 亿美元之间；而 2000～2020 年的援助波动幅度进一步放大，最大负向波动达到 -119.46 亿美元，正向波动最大达到 152.40 亿美元。可见，剔除时间趋势影响后，2000～2020 年的援助波动要大于 1980～1999 年的援助波动。

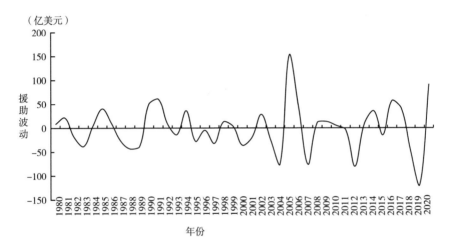

图 3-2　HP 滤波后 1980～2020 年世界提供援助波动情况

资料来源：笔者根据世界银行公开数据库数据资料计算绘制而得。

3.1.2　DAC 及主要成员提供援助资金的波动

世界提供的援助主要以 OECD 中的 DAC 为主，其向世界提供的援助规模占总援助规模的 90% 以上。[①] 无论从绝对规模还是相对规模看，DAC 中的各成员提供的发展援助资金也存在较大差异。从援助绝对额看，美国、日本、德国、英国、法国、意大利和加拿大占据重要地位；但从援助额占本国

––––––––––––––––

① 笔者根据 OECD 和世界银行数据计算得到。

国民收入总值（gross national income，GNI）比重的相对规模看，荷兰、丹麦、瑞典、卢森堡、挪威的对外援助规模较高，基本达到了联合国倡导的发展援助占 GNI 比重的 0.7% 的标准。

（1）从援助绝对规模看

通过查阅 OECD 官方数据，将 1980～2021 年 DAC 总援助与其重要的 7 个国家的援助数据绘制成图 3 - 3。从 DAC 总援助规模变化趋势看，总体呈现波动上涨态势，其中在 2004 年前后有一个较大的跃升。DAC 总援助由 1980 年的 621.68 亿美元增加到 2021 年的 1678.73 亿美元，后者是前者的 2.7 倍。具体从 DAC 的 7 个主要国家援助情况看，美国是第一大援助资金提供国，不过期间援助额也存在较大波动；德国与日本援助规模在 2013 年之前大体相当，但自 2014 年至 2021 年德国援助规模逐渐超越日本，其间两个国家的援助规模都存在上下波动情况；法国、英国、意大利和加拿大的援助规模也都存在波动情况。总之 1980～2021 年，DAC 成员中的重要援助国所提供的援助资金都存在波动情况。

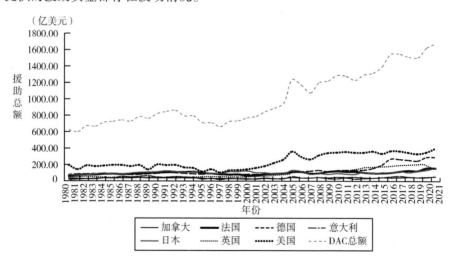

图 3 - 3　1980～2021 年 DAC 及其主要成员提供援助总额变化趋势

注：图中数据是净官方发展援助额，该指标以 2018 年为基准的美元不变价格衡量。

资料来源：OECD 数据库。

从不同指标观察 DAC 及其主要成员提供援助的波动情况（见表 3 - 1）。从该表可知，如果从极差、标准差和离散系数指标看，DAC 及其主要成员国提供援助的波动存在较大差异。具体而言，从 1980 ~ 2021 年 DAC 提供的总援助数据看，其最小值为 598. 87 亿美元，最大值为 1678. 73 亿美元，其极差为 1079. 86 亿美元，最大值是最小值的 2. 8 倍，可见从最大与最小援助规模看 DAC 援助波动幅度确实较大；1980 ~ 2021 年 DAC 援助额的平均值为 1001. 73 亿美元，标准差为 326. 41 亿美元，离散系数为 0. 33。

表 3 - 1　　1980 ~ 2021 年 DAC 及其主要成员提供援助绝对规模波动统计

项目	最小值	最大值	极差	平均值	标准差	离散系数
加拿大	25. 23	54. 17	28. 94	37. 3	6. 98	0. 19
法国	58. 29	160. 13	101. 84	99. 79	21. 7	0. 22
德国	75. 28	294. 5	219. 22	125. 54	66. 24	0. 53
意大利	18. 87	63. 94	45. 07	39. 1	12. 39	0. 32
日本	68. 65	162. 93	94. 28	103. 62	18. 97	0. 18
英国	36. 77	205. 91	169. 14	90. 37	58. 07	0. 64
美国	105. 06	402. 65	297. 59	243. 19	91. 41	0. 38
DAC 援助	598. 87	1678. 73	1079. 86	1001. 73	326. 41	0. 33
世界援助	650. 85	1941. 02	1290. 18	1032. 54	365. 74	0. 35

注：表中数据由笔者根据相关数据统计或计算得到，其中极差 = 最大值 - 最小值，离散系数 = 标准差 ÷ 平均值；世界援助一行由 1980 ~ 2020 年数据计算得到；离散系数指标无单位，其他指标的单位均为亿美元（按照 2018 年不变美元价格计算）。

资料来源：笔者根据 OECD 数据库数据资料计算而得。

从极差指标看，在 7 个国家中，美国提供援助的极差值最大（为 297. 59 亿美元），加拿大的最小（28. 94 亿美元），7 个国家援助波动排序为：美国 > 德国 > 英国 > 法国 > 日本 > 意大利 > 加拿大，如果用极差反映最大波动幅度，7 个国家中显然美国的波动最大、德国次之，而加拿大最小。

从标准差指标看，在 7 个国家中，美国提供援助的标准差最大（为 91. 41 亿美元），加拿大提供援助的标准差最小（为 6. 98 亿美元），7 个国家援助波动排序为：美国 > 德国 > 英国 > 法国 > 日本 > 意大利 > 加拿大。DAC 援助标准差为 326. 41 亿美元，世界援助标准差为 365. 74 亿美元，简单从标准差指标看，世界援助的波动要高于 DAC 援助的波动。

从离散系数指标看，在 7 个国家中，英国的离散系数最大（为 0. 64），德国第二（为 0.53），日本的最小（为 0.18），7 个国家援助波动排序为：英国 > 德国 > 美国 > 意大利 > 法国 > 加拿大 > 日本，如果用离散系数反映不同国家提供援助对其平均值的波动程度（或偏离程度），则英国的波动最大、德国次之，而加拿大和日本的波动则较小。

如果将世界援助与 DAC 援助进行比较，世界援助的极差值（为 1290.18 亿美元）要高于 DAC 援助的极差值（为 1079.86 亿美元），从极差值指标看世界援助最大波动幅度要高于 DAC 援助的。如果从标准差和离差系数看，世界援助的波动均高于 DAC 援助的。

同样，采用 HP 滤波方法剔除时间趋势项后，将 DAC 总援助及 7 国的援助波动绘制成图 3-4。从图 3-4 可知，DAC 总援助额波动幅度最大，幅度范围处于 -87.5 亿美元至 164.2 亿美元之间，不过大部分年份波动幅度处于 -50 亿美元至 50 亿美元之间。而在主要的 7 个成员中，美国的援助波动最大，其波动幅度范围处于 -45.2 亿美元至 74.7 亿美元之间；德国的波动幅度次之，波动范围处于 -24 亿美元至 43.3 亿美元之间；其他 5 个成员波动幅度大体处于 -20 亿美元至 20 亿美元之间。可见，剔除时间趋势后，援助波动依然存在，且各个国家间也存在差异，大体上提供援助绝对规模越大的国家其援助波动幅度也越大。

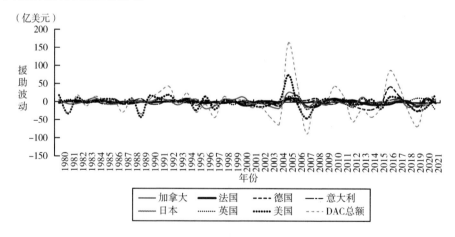

图 3-4 1980~2021 年 DAC 及其主要成员提供援助波动情况

资料来源：笔者根据 OECD 数据库数据资料计算而得。

（2）从援助占本国 GNI 比重看

由于各国经济规模存在差异，简单从援助绝对规模看援助规模与波动状况并不完全合理。因此有必要从援助规模占本国 GNI 比重衡量其援助规模及波动状况。同样，将 DAC 总援助及 7 国援助占各自 GNI 比重情况绘制成图 3 - 5。由图 3 - 5 可知，无论是 DAC 还是各成员国，援助额占 GNI 比重都呈现上下波动情况。DAC 总援助额占 GNI 比重大体在 0.3% 上下波动，远远未达到联合国倡议的 0.7% 的标准；从 DAC 的 7 个主要成员国具体情况看，各国援助额占本国 GNI 比重存在较大差异，且均呈现上下波动状态。其中，法国平均援助水平最高，其平均值为 0.48%，不过近些年有下降趋势；英国的援助水平次之，其平均值为 0.40%；德国平均值约为 0.39%，2012 年以来其值增长较快，2016 年比重接近 0.7%；美国的援助额占本国 GNI 比重较低，长期围绕 0.2% 上下波动，有些年份甚至低于 0.1%；日本援助额占 GNI 平均水平约为 0.25%，2008 年以后其援助水平逐渐向美国靠拢。

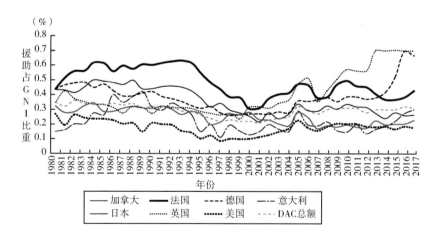

图 3 - 5　1980 ~ 2017 年 DAC 主要国家提供援助占 GNI 比重

注：图中数据是净官方发展援助额占 GNI 比重，目前 OECD 只提供到 2017 年数据。
资料来源：OECD 数据库。

从不同指标观察 DAC 及其主要成员提供援助占本国 GNI 比重的波动情况，从表 3 - 2 可知，如果从极差、标准差和离散系数指标看，DAC 及其主要成员国提供援助占本国 GNI 比重的波动存在较大差异。具体而言，1980～2017 年 DAC 援助占其 GNI 比重看，其最小值为 0.21%，最大值为 0.36%，其极差为 0.15%，最大值是最小值的 1.71 倍，可见从最大与最小援助规模占国民总收入比重看 DAC 援助波动幅度较大，援助占 GNI 比重一定程度反映出援助方的"慷慨"程度，显然这种"慷慨"程度具有较大波动性；1980～2017 年 DAC 援助额占 GNI 比重平均值为 0.293%，标准差为 0.042%，离散系数为 0.143。

表 3 - 2　　1980～2017 年 DAC 及其主要成员提供援助占 GNI 比重波动统计

DAC 及其主要成员	最小值（%）	最大值（%）	极差（%）	平均值（%）	标准差（%）	离散系数
加拿大	0.217	0.500	0.283	0.357	0.088	0.246
法国	0.305	0.632	0.327	0.482	0.099	0.205
德国	0.261	0.699	0.438	0.388	0.099	0.255
意大利	0.110	0.421	0.311	0.227	0.082	0.361
日本	0.170	0.344	0.174	0.252	0.052	0.206
英国	0.236	0.705	0.469	0.405	0.146	0.360
美国	0.085	0.269	0.184	0.177	0.048	0.271
DAC 援助	0.210	0.360	0.150	0.293	0.042	0.143

注：表中数据由笔者根据相关数据统计或计算得到，其中极差 = 最大值 - 最小值，离散系数 = 标准差÷平均值；表中数据来自 OECD，目前 OECD 只提供到 2017 年数据。

资料来源：笔者根据 OECD 数据库数据资料计算而得。

从极差指标看，在 7 个国家中，英国提供援助占本国 GNI 比重的极差值最大（为 0.469%），日本的最小（0.174%），7 个国家的波动排序为：英国＞德国＞法国＞意大利＞加拿大＞美国＞日本，如果用极差值反映援助占 GNI 比重的最大波动幅度，显然英国的波动最大、德国次之，而日本最小。

从标准差指标看，在 7 个国家中，英国提供援助占本国 GNI 比重的标准差最大（为 0.146%），美国提供援助的标准差最小（为 0.048%），7 个国家援助的波动排序为：英国＞法国＞德国＞加拿大＞意大利＞日本＞美国。

从离散系数指标看，在 7 个国家中，意大利援助占本国 GNI 比重的离散系数最大（为 0.361），法国的最小（为 0.205），7 个国家提供援助的波动排序为：意大利 > 英国 > 美国 > 德国 > 加拿大 > 日本 > 法国，如果用离散系数反映不同国家提供援助对其平均值的波动程度（或偏离程度），则意大利的波动最大、英国次之，法国的波动则最小。

同样，为了剔除时间趋势的影响，采用 HP 滤波方法测算 DAC 及其主要成员提供的援助额占 GNI 比重波动情况。经过滤波后具体波动情况如图 3 - 6 所示。由图 3 - 6 可知，DAC 及其 7 个主要成员剔除时间趋势影响后，所提供的援助额占本国 GNI 比重的波动幅度也存在较大差异。其中 DAC 的波动范围处于 - 0.025% 至 0.041% 之间。在该 7 个国家中，英国的波动范围最大，处于 - 0.091% 至 0.082% 之间，正向波动与负向波动最大相差 0.173%；而加拿大的波动范围最小，处于 - 0.035% 至 0.047% 之间，正向波动与负向波动最大相差 0.082%；另外，在不同时期，各国援助额占 GNI 比重波动范围也在发生变化，比如，英国和德国从 2004 ~ 2017 年的援助波动明显高于之前时期。

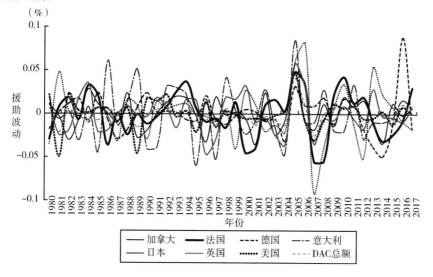

图 3 - 6 1980 ~ 2017 年 DAC 及其主要成员提供援助占 GNI 比重波动情况

注：图中数据是净官方发展援助额占 GNI 比重，该指标以 2018 年为基准的美元不变价格衡量。
资料来源：笔者根据 OECD 数据库数据资料计算而得。

3.2　受援方接受援助资金的波动

一方面由于援助资金提供方存在资金供给的不稳定性，另一方面援助资金在不同地区和不同国家间的分配也存在不稳定性，因此有必要从受援地区和受援国家角度观察援助资金的波动情况。

3.2.1　不同地区接受援助资金波动情况

援助资金在不同地区的分配并不均衡，有的地区多有的地区少；即便对同一个受援地区，在不同时间点上的援助也存在增减情况，因此有必要考察不同受援地区的援助波动变化情况。①

（1）按照接受援助资金的绝对规模指标看

通过查找数据，按照 2018 年不变美元价格计算，将 1990～2020 年②世界几个主要受援地区的受援额绘制成图 3-7。其中，撒哈拉以南非洲地区总体呈现波动上升，且受援规模最大，绝大多数年份接受援助处于 200 亿～600 亿美元范围；中东与北非地区所接受的援助规模总体处于第二，仅次于撒哈拉以南非洲地区，绝大多数年份处于 100 亿～300 亿美元范围；南亚等其他五个地区受援规模总体较小，不过近些年南亚地区的受援规模要高于其他四个地区。从援助规模看，不同地区的受援规模都存在不同大小的波动。

---

① 由于后续有考察具体国家剔除时间趋势后的援助波动情况，同时为精简篇幅考虑，该部分没有将不同地区剔除时间趋势的援助波动情况进行汇报。

② 目前，该指标只能查到该时间段数据。

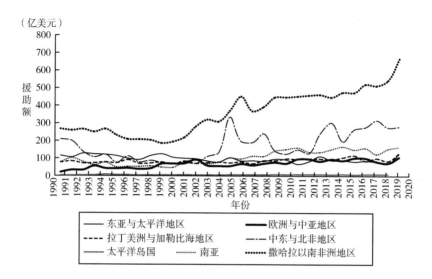

图3－7　1990～2020年不同地区所接受援助额变化情况

资料来源：OECD数据库。

从不同指标看不同受援地区接受援助的波动情况（见表3－3）。从表3－3可知，如果从极差、标准差和离散系数指标看，不同地区接受援助的波动存在较大差异。

表3－3　　　　　　1990～2020年不同地区所接受援助额波动情况

地区	最小值	最大值	极差	平均值	标准差	离散系数
东亚与太平洋地区	67.662	127.564	59.902	97.974	17.022	0.174
欧洲与中亚地区	21.023	106.933	85.910	67.700	23.240	0.343
拉丁美洲与加勒比海地区	67.228	130.498	63.270	85.402	14.617	0.171
中东与北非地区	70.857	334.963	264.106	171.988	83.170	0.484
太平洋岛国	3.232	10.756	7.523	7.234	2.081	0.288
南亚	48.272	167.532	119.260	104.702	40.842	0.390
撒哈拉以南非洲地区	186.639	668.379	481.740	360.599	127.590	0.354

注：最小值、最大值、极差、平均值和标准差单位均为亿美元（按照2018年不变美元价格计算），离散系数无单位。极差和离散系数计算方法同表3－1。

资料来源：笔者根据OECD数据库数据资料计算而得。

从极差指标看，1990～2020年，在7个不同受援地区，撒哈拉以南非洲地区接受的援助绝对规模的极差值最大（为481.74亿美元），中东与北非地区次之（为264.106亿美元），太平洋岛国的最小（为7.523亿美元），7个地区接受援助的波动排序为：撒哈拉以南非洲地区＞中东与北非地区＞南亚地区＞欧洲与中亚地区＞拉丁美洲与加勒比海地区＞东亚与太平洋地区＞太平洋岛国，如果用极差反映最大波动幅度，显然撒哈拉以南非洲地区接受的援助波动最大，而太平洋岛国的波动最小。

从标准差指标看，1990～2020年，在7个不同受援地区，撒哈拉以南非洲地区接受的援助绝对规模的标准差最大（为127.59亿美元），中东与北非地区次之（为83.17亿美元），太平洋岛国的最小（为2.081亿美元），7个地区接受援助的波动排序为：撒哈拉以南非洲地区＞中东与北非地区＞南亚地区＞欧洲与中亚地区＞东亚与太平洋地区＞拉丁美洲与加勒比海地区＞太平洋岛国，如果用标准差反映受援地区的波动幅度，显然撒哈拉以南非洲地区接受的援助波动最大，而太平洋岛国的波动最小。

从离散系数指标看，1990～2020年，在7个不同受援地区，中东与北非地区接受的援助绝对规模的离散系数最大（为0.484），南亚地区次之（为0.390），拉丁美洲与加勒比海地区的最小（为0.171），7个受援地区接受援助的波动排序为：中东与北非地区＞南亚地区＞撒哈拉以南非洲地区＞欧洲与中亚地区＞太平洋岛国＞东亚与太平洋地区＞拉丁美洲与加勒比海地区，如果用离散系数反映接受援助对平均援助的波动程度（或偏离程度），中东与北非地区接受援助的波动最大，而拉丁美洲与加勒比海地区的波动最小。

（2）从接受援助占本地区GNI比重指标看

将1990～2020年各受援地区所接受的援助额占本地区GNI比重绘制成图3-8。总体来看，不同地区接受的援助都存在波动，且差异较大。其中，太平洋岛国所接受援助的比重最高，其值为8%～18%，且波动幅度也较大；而撒哈拉以南非洲地区的比重次之，其值为2%～6%，且总体看呈现波动下降的趋势；其他五个地区所接受的援助额占GNI比重绝大部分处于0%～2%，相对太平洋岛国和撒哈拉以南非洲地区而言波动水平要小一些。由于撒哈拉以南非洲地区和太平洋岛国地区的减贫对外部援助存在很强的依赖，如果援助波动过大，显然对当地的减贫效果是不利的。

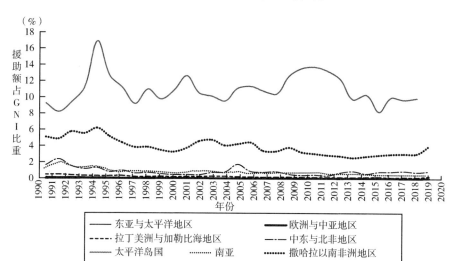

图 3 - 8　1990 ～ 2020 年不同地区所接受援助额占 GNI 比重变化情况

资料来源：世界银行公开数据库。

从不同指标看不同受援地区接受援助占 GNI 比重的波动情况（见表 3 - 4）。从该表可知，如果从极差、标准差和离散系数指标看，不同地区接受援助占本地区 GNI 比重的波动存在较大差异。

表 3 - 4　　1990 ～ 2020 年不同地区所接受援助额占 GNI 比重波动情况

地区	最小值	最大值	极差	平均值	标准差	离散系数
东亚与太平洋地区	0.026	0.173	0.147	0.083	0.043	0.522
欧洲与中亚地区	0.016	0.057	0.041	0.036	0.009	0.242
拉丁美洲与加勒比海地区	0.144	0.497	0.353	0.253	0.091	0.362
中东与北非地区	0.379	2.373	1.994	0.886	0.440	0.497
太平洋岛国	8.216	16.920	8.704	10.990	1.849	0.168
南亚	0.349	2.009	1.660	0.814	0.360	0.442
撒哈拉以南非洲地区	2.577	6.192	3.616	3.910	0.968	0.248

注：最小值、最大值、极差、平均值和标准差单位均为%，离散系数无单位；表中数据由笔者根据世界银行数据进行计算。

资料来源：笔者根据世界银行公开数据库数据资料计算而得。

从极差指标看，1990～2020 年，在 7 个不同受援地区，太平洋岛国接受援助占 GNI 比重的极差值最大（为 8.704%），撒哈拉以南非洲地区次之（为 3.616%），欧洲与中亚地区的最小（为 0.041%），7 个地区接受援助占 GNI 比重的波动排序为：太平洋岛国＞撒哈拉以南非洲地区＞中东与北非地区＞南亚地区＞拉丁美洲与加勒比海地区＞东亚与太平洋地区＞欧洲与中亚地区，如果用极差反映最大波动幅度，显然太平洋岛国接受援助占本地区 GNI 比重的波动最大，而欧洲与中亚地区的波动最小。

从标准差指标看，1990～2020 年，在 7 个不同受援地区太平洋岛国接受援助占 GNI 比重的标准差最大（为 1.894%），撒哈拉以南非洲地区的次之（为 0.968%），欧洲与中亚地区的最小（为 0.009%），7 个地区接受援助占 GNI 比重的波动排序为：太平洋岛国＞撒哈拉以南非洲地区＞中东与北非地区＞南亚地区＞拉丁美洲与加勒比海地区＞东亚与太平洋地区＞欧洲与中亚地区，如果用标准差反映援助波动情况，显然太平洋岛国接受援助占本地区 GNI 比重的波动最大，而欧洲与中亚地区的波动最小。

从离散系数指标看，1990～2020 年，在 7 个不同受援地区，东亚与太平洋地区接受援助占 GNI 比重的离散系数最大（为 0.522），中东与北非地区的次之（为 0.497），太平洋岛国的最小（为 0.168），7 个受援地区接受援助占 GNI 比重的波动排序为：东亚与太平洋地区＞中东与北非地区＞南亚地区＞拉丁美洲与加勒比海地区＞撒哈拉以南非洲地区＞欧洲与中亚地区＞太平洋岛国，如果用离散系数反映接受援助占 GNI 比重对其平均值的波动程度（或偏离程度），则东亚与太平洋地区接受援助占本地区 GNI 比重的波动最大，而太平洋岛国的波动最小。

3.2.2　不同国家接受援助资金波动情况

由于国家是接受援助的主体，援助资金波动对减贫影响的客观对象也是具体的受援国，因此有必要具体考察不同国家接受援助资金的波动情况。目前全世界的受援国主要集中在非洲、东南亚和拉丁美洲等地区，DAC 每三年审查修订一次受援国名单，在审查时连续 3 年超过高收入门槛的国家被取消资格。截至 2022 年 1 月 1 日，接受援助的受援国或地区一共 142 个，其中最不发达国家 46 个，低收入国家 2 个，中低收入国家或地区 38 个，中高收入国家或地区 56 个。[①]

（1）从受援国接受援助额的绝对规模指标看

由于受援国众多，限于篇幅，仅列举部分国家接受援助情况，其中非洲地区 6 个国家（贝宁、布基纳法索、加纳、马拉维、坦桑尼亚和津巴布韦），亚洲 2 个国家（老挝和尼泊尔），大洋洲 1 个国家（斐济）[②]，具体数据见表 3-5。总体来看，这几个国家接受的援助资金规模同样存在较大波动。其中，坦桑尼亚接受的援助资金规模最大，平均值为 20.7 亿美元，范围处于 10.59 亿～33.33 亿美元，最大值是最小值的 3.14 倍，波动范围较大；而斐济接受的援助额规模最小，平均值为 0.41 亿～1.94 亿美元，最大值是最小值的 4.73 倍，同样波动范围较大；其他几个国家的受援额平均规模处于坦桑尼亚和斐济之间。

表 3-5　　　　　　1990～2020 年部分国家接受援助额统计　　　　单位：亿美元

年份	贝宁	布基纳法索	斐济	加纳	老挝	马拉维	尼泊尔	坦桑尼亚	津巴布韦
1990	4.04	4.93	0.81	8.31	1.51	7.53	5.28	17.13	4.94
1991	3.91	6.26	0.71	12.55	1.50	8.07	5.10	15.31	5.51
1992	3.83	6.00	0.98	8.38	1.90	8.01	5.13	18.27	10.97
1993	4.06	6.79	0.90	8.72	2.07	7.04	3.92	13.61	7.26
1994	3.48	6.05	0.57	7.05	2.37	6.09	4.84	13.22	7.91
1995	3.43	6.10	0.57	7.75	2.67	5.46	4.29	10.59	6.09

[①] 资料来源于 OECD 网站，https://www.oecd.org/dac/financing-sustainable-development/development-finance-standards/DAC-List-ODA-Recipients-for-reporting-2021-flows.pdf，2022-7-13.

[②] 汇报这几个国家并不因为它们所接受的援助存在较大波动，也没有经过事先的计算，属于随机选取。

续表

年份	贝宁	布基纳法索	斐济	加纳	老挝	马拉维	尼泊尔	坦桑尼亚	津巴布韦
1996	3.55	5.33	0.59	8.10	2.97	6.21	4.04	10.90	4.69
1997	3.10	5.25	0.61	6.66	3.12	4.67	4.15	13.05	4.58
1998	2.83	5.70	0.55	9.45	2.79	5.98	4.26	13.86	3.67
1999	3.00	5.70	0.48	8.11	3.02	6.17	3.94	13.93	3.18
2000	3.86	3.11	0.42	8.36	2.98	6.43	4.23	14.92	2.40
2001	4.44	6.22	0.41	9.81	2.94	6.26	5.09	18.47	2.42
2002	3.36	6.72	0.50	10.00	3.22	5.49	4.63	18.75	2.85
2003	3.89	7.00	0.66	12.53	3.10	6.50	5.69	21.66	2.35
2004	4.59	7.59	0.78	16.07	2.60	5.77	4.91	20.32	2.14
2005	4.01	8.01	0.78	12.99	2.72	6.35	4.56	16.66	4.22
2006	4.47	10.00	0.66	13.52	3.38	7.69	4.94	20.51	2.97
2007	4.85	9.54	0.54	11.64	3.56	7.59	5.62	28.81	4.90
2008	6.10	9.50	0.46	12.59	4.46	8.81	5.96	22.35	6.25
2009	6.69	10.71	0.66	15.91	3.71	7.78	7.10	31.49	7.75
2010	6.97	10.36	0.69	17.10	3.73	10.10	7.55	29.81	7.24
2011	6.66	9.15	0.61	17.48	3.34	7.60	6.91	23.34	6.96
2012	4.99	11.25	0.87	17.47	3.75	11.32	7.28	27.53	9.71
2013	6.33	10.11	0.79	12.71	3.99	10.76	8.32	33.33	7.94
2014	5.75	10.88	0.84	10.72	4.55	8.87	8.32	25.58	7.27
2015	4.71	10.75	1.08	18.85	5.05	11.03	12.86	27.23	8.27
2016	5.40	11.07	1.22	14.14	4.24	13.24	11.34	24.65	6.98
2017	7.18	9.39	1.48	13.29	5.00	15.98	13.36	27.10	7.66
2018	5.80	11.93	1.19	10.80	5.89	12.89	14.68	24.75	8.06
2019	6.10	11.41	1.31	9.34	6.36	11.92	13.69	21.76	8.67
2020	10.49	17.31	1.94	22.04	5.29	14.53	17.58	22.75	9.84
平均值	4.90	8.39	0.80	12.01	3.48	8.46	7.08	20.70	5.99

注：援助额按照 2018 年不变美元价格计算。
资料来源：世界银行公开数据库。

为了直观观察这9个国家接受援助的波动变化，将表3-5的数据绘制成图3-9。可见，从接受援助额绝对规模指标看，不同国家随时间存在较大的波动，相互间也存在较大差异。

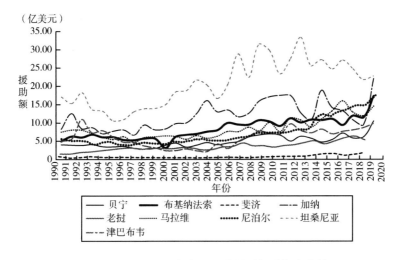

图3-9　1990～2020年部分国家接受援助额变化情况

资料来源：世界银行公开数据库。

从不同指标观察以上9个不同受援国接受援助的波动情况（见表3-6）。从表3-6可知，如果从极差、标准差和离散系数指标看，贝宁等9个国家接受援助的波动存在较大差异。

从极差指标看，1990～2020年，在9个不同受援国中，坦桑尼亚接受的援助绝对规模的极差值最大（为22.74亿美元），斐济的最小（为1.53亿美元），9个国家接受援助绝对规模的波动排序为：坦桑尼亚＞加纳＞布基纳法索＞尼泊尔＞马拉维＞津巴布韦＞贝宁＞老挝＞斐济，如果用极差反映接受援助的最大波动幅度，显然坦桑尼亚接受的援助波动最大，加纳的波动次之，而斐济的波动最小。

从标准差指标看，1990～2020年，在9个不同受援国中，坦桑尼亚接受的援助绝对规模的标准差最大（为6.29亿美元），加纳次之（为3.89亿美元），斐济的最小（为0.34亿美元），9个国家接受援助的波动排序为：坦桑尼亚＞加纳＞尼泊尔＞马拉维＞布基纳法索＞津巴布韦＞贝宁＞老挝＞斐济，如果用标准差反映受援国接受援助绝对规模的波动幅度，显然坦桑尼亚接受的援助波动最大，加纳的波动次之，而斐济的波动最小。

从离散系数指标看，1990～2020年，在9个不同受援国家中，尼泊尔接受的援助绝对规模的离散系数最大（为0.525），斐济的次之（为0.43），坦桑尼亚的最小（为0.304），9个受援国家接受援助的波动排序为：尼泊尔＞斐济＞津巴布韦＞布基纳法索＞马拉维＞老挝＞贝宁＞加纳＞坦桑尼亚，如果用离散系数反映接受援助绝对额对其平均值的波动程度（或偏离程度），则尼泊尔接受援助的波动最大，而坦桑尼亚的波动最小。

表3-6　　　　　1990～2020年部分国家接受援助额波动情况

国家	最小值	最大值	极差	平均值	标准差	离散系数
贝宁	2.83	10.49	7.66	4.90	1.64	0.334
布基纳法索	3.11	17.31	14.20	8.39	2.91	0.347
斐济	0.41	1.94	1.53	0.80	0.34	0.430
加纳	6.66	22.04	15.38	12.01	3.89	0.324
老挝	1.50	6.36	4.86	3.48	1.19	0.343
马拉维	4.67	15.98	11.31	8.46	2.92	0.345
尼泊尔	3.92	17.58	13.66	7.08	3.72	0.525
坦桑尼亚	10.59	33.33	22.74	20.70	6.29	0.304
津巴布韦	2.14	10.97	8.83	5.99	2.49	0.415

注：最小值、最大值、极差、平均值和标准差单位均为亿美元（按照2018年不变美元价格计算），离散系数无单位。

资料来源：笔者根据世界银行公开数据库数据资料计算而得。

同样，将援助绝对规模进行HP滤波后得到的波动情况汇总成表3-7，同时绘制成图3-10。从图3-10中可以看出，从各受援国受援额指标看，援助波动确实存在，同时各国之间也存在较大的差异。其中，加纳的波动最大，负向波动最大为-5.25亿美元，正向波动最大约为5.48亿美元，两者差约为10.72亿美元；而斐济的波动最小，负向波动最大约为-0.23亿美元，正向波动最大约为0.22亿美元，两者差约为0.45亿美元；其他7个国家的波动幅度稍小，处于加纳与斐济之间。

表 3 - 7   1990 ~ 2020 年 HP 滤波后部分国家接受援助额波动情况统计   单位：亿美元

年份	贝宁	布基纳法索	斐济	加纳	老挝	马拉维	尼泊尔	坦桑尼亚	津巴布韦
1990	- 0.0207	- 0.6059	- 0.0266	- 1.5761	0.0940	- 0.4836	- 0.0020	- 0.1236	- 1.1558
1991	- 0.0515	0.4088	- 0.1138	2.9407	- 0.1485	0.3496	0.0538	- 0.9677	- 1.3939
1992	- 0.0289	- 0.0696	0.1732	- 0.7004	0.0039	0.6601	0.3200	2.9881	3.4428
1993	0.3185	0.6305	0.1370	0.2024	- 0.0800	0.1594	- 0.6618	- 0.4818	- 0.2975
1994	- 0.1130	- 0.0283	- 0.1277	- 0.9771	- 0.0321	- 0.3067	0.4190	0.2092	0.7721
1995	- 0.0184	0.2159	- 0.0680	0.0022	0.0383	- 0.5477	0.0087	- 1.6753	- 0.2735
1996	0.2258	- 0.3007	- 0.0008	0.4382	0.1574	0.4356	- 0.1433	- 1.2152	- 0.7634
1997	- 0.1342	- 0.1563	0.0583	- 1.0919	0.1951	- 0.9997	0.0009	0.4977	- 0.0024
1998	- 0.3984	0.4490	0.0334	1.3792	- 0.1841	0.2437	0.0823	0.4860	- 0.1337
1999	- 0.3351	0.5201	- 0.0105	- 0.3865	0.0234	0.3131	- 0.3284	- 0.5273	0.0104
2000	0.3408	- 2.1700	- 0.0638	- 0.7679	- 0.0195	0.4769	- 0.2037	- 0.8369	- 0.3113
2001	0.7485	0.4986	- 0.0952	- 0.1919	- 0.0535	0.2633	0.4567	1.3268	- 0.0417
2002	- 0.4579	0.3927	- 0.0533	- 1.0323	0.2336	- 0.5459	- 0.1647	0.3972	0.4462
2003	- 0.0935	- 0.0002	0.0488	0.4273	0.1227	0.3391	0.7720	2.3256	- 0.1639
2004	0.3894	- 0.1158	0.1263	3.1389	- 0.4026	- 0.6046	- 0.0675	0.2196	- 0.6997
2005	- 0.4562	- 0.3997	0.1167	- 0.3141	- 0.3986	- 0.3841	- 0.5105	- 4.3752	0.8173
2006	- 0.3699	0.9410	0.0171	0.0096	0.0632	0.4902	- 0.3438	- 2.0483	- 1.1424
2007	- 0.4580	0.0034	- 0.0738	- 2.1485	0.0348	- 0.0808	- 0.0025	4.4206	- 0.1092
2008	0.3022	- 0.3762	- 0.1403	- 1.7884	0.7781	0.6857	- 0.0766	- 3.5703	0.2996
2009	0.5266	0.5979	0.0454	0.7336	- 0.0205	- 0.7448	0.6244	4.2401	0.9737
2010	0.6631	0.1419	0.0432	1.3074	- 0.0090	1.1535	0.6729	1.9036	- 0.1347
2011	0.4448	- 1.1140	- 0.0839	1.5254	- 0.4322	- 1.7444	- 0.3682	- 4.7557	- 0.8295
2012	- 0.9907	0.9079	0.1098	1.8709	- 0.1435	1.4619	- 0.5439	- 0.7990	1.6672
2013	0.5626	- 0.2564	- 0.0463	- 2.1968	- 0.1072	0.4119	- 0.2803	4.9740	- 0.0842
2014	0.1693	0.4835	- 0.0904	- 3.6378	0.1955	- 2.0387	- 1.2862	- 2.2189	- 0.6198
2015	- 0.8059	0.2994	0.0367	4.7693	0.4305	- 0.6702	2.0641	0.1544	0.4875
2016	- 0.2953	0.4455	0.0585	0.5179	- 0.6377	0.6833	- 0.5777	- 1.5991	- 0.7659
2017	1.0673	- 1.6718	0.2030	- 0.0017	- 0.1832	2.7750	0.3098	1.6931	- 0.2414
2018	- 0.9140	- 0.0473	- 0.2016	- 2.6820	0.4016	- 0.5913	0.5004	0.3691	- 0.1883
2019	- 1.5165	- 1.9086	- 0.2293	- 5.2452	0.6438	- 1.7458	- 1.6517	- 1.5137	- 0.0769
2020	1.6992	2.2846	0.2181	5.4755	- 0.5638	0.5860	0.9278	0.5031	0.5125

资料来源：笔者根据世界银行公开数据库数据资料计算而得。

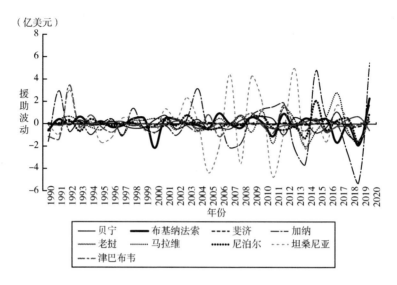

图 3 – 10　1990 ~ 2020 年 HP 滤波后部分国家接受援助额波动情况

资料来源：笔者根据世界银行公开数据库数据资料计算而得。

（2）从受援国接受援助额占本国 GNI 比重指标看

为进一步对比观察，依旧考察贝宁、布基纳法索、加纳、马拉维、坦桑尼亚、津巴布韦、老挝、尼泊尔和斐济 9 个国家的情况，具体数据见表3 – 8。总体来看，这几个国家接受的援助资金占本国 GNI 比重同样存在较大波动。其中马拉维受援额占本国 GNI 比重平均值最大，其值约为 19.98%，范围处于 10.12% ~ 41.38%，波动范围高达 31.26%；而斐济接受援助额占本国 GNI 比重平均值最小，平均为 2.45%，范围处于 1.31% ~ 4.51%，波动范围相对较小，不过也达到 3.2%；其他几个国家的受援额占本国 GNI 比重的波动范围处于马拉维和斐济之间。

表 3 – 8　　　　　**1990 ~ 2020 年部分国家接受援助额占 GNI 比重**　　　　单位:%

年份	贝宁	布基纳法索	斐济	加纳	老挝	马拉维	尼泊尔	坦桑尼亚	津巴布韦
1990	13.89	10.55	3.82	9.69	12.11	27.23	9.81	28.56	3.93
1991	13.58	13.43	3.33	13.57	10.61	25.48	9.51	22.49	4.66

续表

年份	贝宁	布基纳法索	斐济	加纳	老挝	马拉维	尼泊尔	坦桑尼亚	津巴布韦
1992	16.46	12.96	4.23	9.74	12.68	32.83	11.38	30.22	12.21
1993	12.88	14.74	3.78	10.72	11.69	24.51	8.16	23.07	7.91
1994	16.40	23.02	2.25	10.27	12.40	41.38	9.42	22.12	8.51
1995	13.20	20.70	2.22	10.26	14.02	32.23	8.64	16.99	7.24
1996	12.45	16.17	2.23	9.59	13.31	21.97	7.32	13.50	4.51
1997	9.88	15.09	2.17	7.31	14.27	13.12	6.40	12.48	4.14
1998	8.41	14.28	2.31	9.60	17.08	25.43	6.33	8.23	4.34
1999	5.80	11.75	1.88	8.07	17.52	25.76	5.79	7.87	3.76
2000	6.98	6.06	1.72	12.42	14.07	26.25	5.64	8.03	2.78
2001	7.68	12.30	1.60	12.38	12.04	24.42	5.77	9.61	2.48
2002	5.32	12.27	1.85	11.42	13.84	11.00	5.54	8.97	3.28
2003	5.69	11.54	2.23	13.19	13.28	16.40	7.16	11.48	3.39
2004	6.37	11.97	2.42	16.34	10.18	14.79	5.93	10.79	3.39
2005	5.33	11.48	2.19	10.86	9.04	15.86	4.99	8.27	6.80
2006	5.72	13.79	1.89	6.09	9.41	18.25	4.97	10.13	5.42
2007	5.85	12.40	1.54	4.71	8.44	17.38	5.34	13.10	9.69
2008	6.51	10.63	1.31	4.59	8.81	17.45	4.85	8.44	15.43
2009	6.98	11.61	2.32	6.11	6.58	12.61	5.45	10.86	7.73
2010	7.27	10.65	2.49	5.36	5.83	14.84	4.76	9.42	5.99
2011	6.30	8.47	2.06	4.73	4.56	10.12	3.46	7.18	5.22
2012	4.58	9.41	2.75	4.59	4.28	19.87	3.52	7.22	5.95
2013	5.30	7.99	2.22	2.17	3.73	21.12	3.91	7.63	4.40
2014	4.53	8.42	2.03	2.16	3.74	15.82	3.83	5.39	3.97
2015	3.86	8.84	2.33	3.69	3.42	17.05	4.96	5.56	4.02
2016	4.27	8.40	2.52	2.44	2.62	22.95	4.28	4.76	3.24
2017	5.41	6.57	2.96	2.20	2.97	17.30	4.34	4.96	4.20
2018	4.07	7.71	2.32	1.66	3.38	13.17	4.36	4.37	4.46
2019	4.16	7.23	2.55	1.39	3.52	10.77	3.86	3.43	4.46
2020	6.77	10.39	4.51	3.11	2.96	12.12	5.20	3.65	5.64
平均值	7.80	11.64	2.45	7.43	9.11	19.98	5.96	11.25	5.59

资料来源：世界银行公开数据库。

　　为了直观观察这9个国家接受援助的波动变化，将表3-8的数据绘制成图3-11。可见，从受援额占 GNI 比重指标看，不同国家随时间存在较大的波动，相互间也存在较大差异。

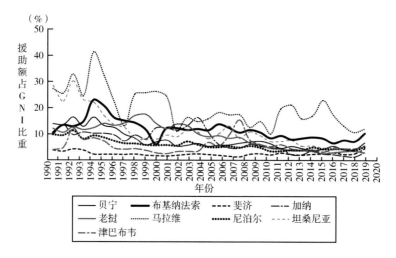

图3-11　1990~2020 年部分国家接受援助额占 GNI 比重变化情况

资料来源：世界银行公开数据库。

　　从不同指标看贝宁等9个受援国家接受援助占 GNI 比重的波动情况（见表3-9）。从表3-9可知，如果从极差、标准差和离散系数指标看，不同国家接受援助占本国 GNI 比重的波动存在较大差异。

表3-9　　1990~2020 年部分国家接受援助额占 GNI 比重波动情况

国家	最小值	最大值	极差	平均值	标准差	离散系数
贝宁	3.86	16.46	12.60	7.80	3.770	0.483
布基纳法索	6.06	23.02	16.96	11.64	3.765	0.323
斐济	1.31	4.51	3.20	2.45	0.761	0.310
加纳	1.39	16.34	14.95	7.43	4.176	0.562
老挝	2.62	17.52	14.90	9.11	4.662	0.512
马拉维	10.12	41.38	31.26	19.98	7.342	0.367
尼泊尔	3.46	11.38	7.92	5.96	2.041	0.342

国家	最小值	最大值	极差	平均值	标准差	离散系数
坦桑尼亚	3.43	30.22	26.79	11.25	7.089	0.630
津巴布韦	2.48	15.43	12.95	5.59	2.837	0.508

注：最小值、最大值、极差、平均值和标准差单位均为%，离散系数无单位。
资料来源：笔者根据世界银行公开数据库数据资料计算而得。

从极差指标看，1990～2020 年，在 9 个不同受援国家中，马拉维接受援助占本国 GNI 比重的极差值最大（为 31.26%），坦桑尼亚的次之（为 26.79%），斐济的最小（为 3.2%），9 个国家接受援助占本国 GNI 比重的波动排序为：马拉维＞坦桑尼亚＞布基纳法索＞加纳＞老挝＞津巴布韦＞贝宁＞尼泊尔＞斐济，如果用极差反映最大波动幅度，显然马拉维接受援助额占本国 GNI 比重的波动最大，坦桑尼亚的波动次之，而斐济的波动最小。

从标准差指标看，1990～2020 年，在 9 个不同受援国家中，马拉维接受援助占本国 GNI 比重的标准差最大（为 7.342%），坦桑尼亚的次之（为 7.089%），斐济的最小（为 0.761%），9 个受援国接受援助占 GNI 比重的波动排序为：马拉维＞坦桑尼亚＞老挝＞加纳＞贝宁＞布基纳法索＞津巴布韦＞尼泊尔＞斐济，如果用标准差反映援助波动情况，显然马拉维接受援助额占本国 GNI 比重的波动最大，坦桑尼亚的波动次之，而斐济的波动最小。

从离散系数指标看，1990～2020 年，在贝宁等 9 个不同受援国家中，坦桑尼亚接受援助占 GNI 比重的离散系数最大（为 0.630），加纳的次之（为 0.562），斐济的最小（为 0.310），9 个受援国家接受援助占 GNI 比重的波动排序为：坦桑尼亚＞加纳＞老挝＞津巴布韦＞贝宁＞马拉维＞尼泊尔＞布基纳法索＞斐济，如果用离散系数反映接受援助占 GNI 比重对其平均值的波动程度（或偏离程度），则坦桑尼亚接受援助占本国 GNI 比重的波动最大，加纳的波动次之，而斐济的波动最小。

采用 HP 滤波方法剔除时间趋势影响后，将 9 个受援国接受的援助额占本国 GNI 比重汇总成表 3 - 10。从各受援国受援额占 GNI 比重指标看，援助波动确实存在，各国之间也存在较大的差异。其中，马拉维的波动最大，其

中负向波动最大为 - 10.99%，正向波动最大约为 11.11%，两者差约为 22.10%；而斐济的波动最小，负向波动最大约为 - 0.68%，正向波动最大约为 0.78%，两者差约为 1.46%。

表 3 - 10　　　　　　1990 ~ 2020 年 HP 滤波后部分国家接受援助额

占 GNI 比重波动情况统计　　　　　　单位:%

年份	贝宁	布基纳法索	斐济	加纳	老挝	马拉维	尼泊尔	坦桑尼亚	津巴布韦
1990	- 0. 4868	- 0. 5754	- 0. 1054	- 1. 4314	0. 7256	- 0. 2286	- 0. 3617	0. 2016	- 1. 4430
1991	- 1. 0076	0. 3208	- 0. 4012	2. 4952	- 0. 9916	- 3. 1562	- 0. 4732	- 4. 2950	- 2. 0234
1992	1. 7395	- 2. 0409	0. 7099	- 1. 0593	0. 7452	3. 0528	1. 6432	4. 9762	4. 4471
1993	- 1. 6565	- 2. 0197	0. 5689	0. 2550	- 0. 6516	- 5. 8302	- 1. 1389	- 0. 0099	- 0. 1469
1994	2. 3253	5. 0015	- 0. 5867	0. 1974	- 0. 4986	11. 1082	0. 6212	1. 6854	0. 7877
1995	0. 0907	2. 6133	- 0. 3004	0. 5964	0. 4419	3. 6437	0. 4563	- 0. 4575	0. 3475
1996	0. 6635	- 0. 9042	- 0. 0620	0. 2789	- 0. 9629	- 4. 1049	- 0. 1801	- 1. 0279	- 1. 3169
1997	- 0. 3871	- 0. 4190	0. 0370	- 1. 8737	- 0. 6762	- 10. 9920	- 0. 4674	0. 4680	- 0. 7005
1998	- 0. 4080	0. 5059	0. 2948	0. 1054	1. 6727	2. 0148	- 0. 0463	- 1. 8415	0. 3024
1999	- 1. 8442	- 0. 4359	- 0. 0362	- 2. 0871	2. 1627	2. 8167	- 0. 2527	- 1. 0829	0. 3494
2000	0. 0947	- 5. 0815	- 0. 1409	1. 3186	- 0. 6948	4. 2726	- 0. 2351	- 0. 5781	- 0. 2199
2001	1. 2939	1. 3317	- 0. 2681	0. 4561	- 1. 9046	4. 1704	- 0. 0716	0. 7943	- 0. 4221
2002	- 0. 6863	1. 0892	- 0. 0844	- 1. 0117	0. 7398	- 7. 1752	- 0. 3327	- 0. 2918	0. 1014
2003	- 0. 1227	0. 0338	0. 2166	0. 6849	1. 1495	- 0. 4370	1. 2728	1. 7202	- 0. 4332
2004	0. 6078	0. 1236	0. 3749	4. 4775	- 0. 8726	- 1. 3798	0. 1791	0. 7138	- 1. 4558
2005	- 0. 4624	- 0. 6284	0. 1858	0. 5282	- 1. 0278	- 0. 1784	- 0. 5432	- 1. 9828	0. 6128
2006	- 0. 2178	1. 5709	- 0. 0354	- 2. 3675	0. 1725	2. 1632	- 0. 3623	- 0. 3155	- 2. 1351
2007	- 0. 3089	0. 3950	- 0. 3332	- 2. 1583	- 0. 0187	1. 4495	0. 1808	2. 6069	0. 9346
2008	0. 1283	- 0. 9137	- 0. 5963	- 1. 2243	1. 1537	1. 9189	- 0. 1172	- 1. 7438	6. 1776
2009	0. 4975	0. 6339	0. 2898	0. 9097	- 0. 1717	- 2. 4721	0. 7118	1. 1371	- 0. 9297
2010	0. 9119	0. 3531	0. 3350	0. 6249	- 0. 0214	- 0. 2441	0. 3243	0. 3831	- 1. 5895
2011	0. 3150	- 1. 1323	- 0. 1770	0. 4568	- 0. 4740	- 5. 5219	- 0. 6769	- 1. 0540	- 1. 2453

续表

年份	贝宁	布基纳法索	斐济	加纳	老挝	马拉维	尼泊尔	坦桑尼亚	津巴布韦
2012	-0.9057	0.3652	0.4637	0.8211	-0.0950	3.0484	-0.4510	-0.2638	0.4339
2013	0.2670	-0.6059	-0.0645	-1.0797	-0.1439	3.3145	-0.0487	0.8428	-0.3317
2014	-0.1246	0.1344	-0.2575	-0.7144	0.2249	-2.4439	-0.2186	-0.7130	-0.2114
2015	-0.5613	0.7933	-0.0110	1.0608	0.1603	-1.3472	0.7783	0.0351	0.1386
2016	-0.1137	0.5662	0.0708	0.0541	-0.4851	4.9350	0.0162	-0.2722	-0.5741
2017	0.9074	-1.1582	0.3452	0.0141	-0.1043	0.5889	0.0146	0.3499	0.2161
2018	-0.6508	-0.1919	-0.5318	-0.4194	0.2676	-1.6991	-0.0395	0.1698	0.1564
2019	-0.9661	-1.1116	-0.6792	-0.7288	0.3717	-2.1968	-0.6613	-0.3701	-0.2603
2020	1.0678	1.3869	0.7787	0.8205	-0.1932	0.9099	0.4800	0.2155	0.4336

资料来源：笔者根据世界银行公开数据库数据资料计算而得。

　　为了更加直观地观察这9个国家接受援助的波动变化，将表3-10的数据绘制成图3-12。从图3-12中可以看出，剔除时间趋势后，从受援额占GNI比重指标看，不同国家随时间存在较大的波动，相互间也存在较大差异。

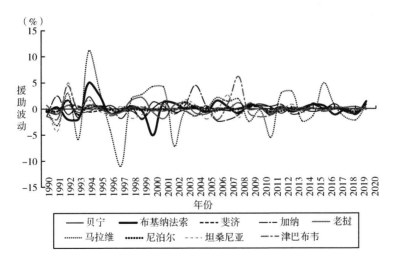

图3-12　1990～2020年部分国家所接受援助额占GNI比重波动情况

资料来源：笔者根据世界银行公开数据库数据资料计算而得。

3.3 援助资金波动的原因分析

从前文分析可知援助资金波动确实普遍存在，但其产生原因并不清楚，因此有必要梳理产生援助波动的原因。事实上，引发援助波动的原因可能有很多，但从波动原因来源看主要涉及援助方、受援方或其他方面。

3.3.1 来自援助方的原因

第一，援助方经济情况好坏引发援助波动。援助资金的提供方自身经济发展情况、政府财政状况都会导致援助资金波动。当援助方处于经济增长速度快、财政收入增加的时期，援助方有更多资金用于对外援助，追加援助金额也是常有之事。如果援助方增加对外援助规模，对于受援国而言所接受援助会发生正向援助波动。然而，当援助国处于国家经济衰退、财政收入下降时期，此时可用于对外援助资金容易发生拖延或减少，导致受援国接受的援助资金发生负向援助波动。

第二，援助方对受援国选择偏好引发援助波动。援助方在选择受援国时会有一定的偏好，导致选择偏好的原因有多种，包括对援助有效性的考量、受援国政策制度与本国政策的一致性、原殖民地与否等。有时，援助方在提供对外援助时会基于提高援助的有效性考虑将受援方进行排序。因为一些研究结果表明，要使援助有效，就应该把重点放在具有特定特征的国家，例如高度贫困和"良好"政策环境的结合、更好的制度或千年发展目标的低成就水平（Burnside & Dollar, 2000；Collier & Dollar, 2002）。基于这样的考虑，援助方将援助重点放在有良好政策的受援国上，而忽视其他受援国（Knack et al., 2011）。又如，相当长时期内西方国家主导的援助重视对有与西方国家价值观接近的受援国提供援助，强调援助过程的有效性，忽视援助结果的有效性，当受援国发生政权更迭，受援国新政权所奉行的价值观一旦与西方国家主流价值观发生冲突，援助资金就会相应减少，自然导致援助资金的不稳定。此外，援助不仅是出于经济和利他动机，例如过去的殖民关系、战略联盟和贸易关系也会影响援助流动（Hoeffler & Outram，2011）。一般援助方更愿意将资金提供给原殖民地、贸易关系紧密的国家，一旦原殖民地国家有自然灾害发生，在本国对外援助资金限定条件下会挪用非殖民地国家的援助资金，导致受援资金流波动。

第三，援助跟随导致援助波动。在提供援助时，实际上某些援助方会因各种原因会跟随其他援助方。跟随型援助也得到了实证检验（Davies & Klasen，2019）研究发现，其他国家的双边援助资金流导致某一捐助国的援助资金流显著增加，这种影响对大量的捐赠者和所谓的受援"宠儿"尤其明显。跟随型援助可能导致受援国受到大多数援助国的青睐，成为所谓的援助宠儿，而其他受援国则大多被国际社会遗弃，成为援助"孤儿"。产生跟随援助的原因有多种，包括信息差、共同捐助者利益、专业化能力差异。例如，不同援助项目组织者获取受援主体的信息存在差异，有的能力强，有的能力弱，导致信息不对称，信息获取弱的援助组织者会跟随强者采取增加或减少援助规模的行动，引发受援国接受援助资金的波动倍增效应，援助波动被放大了。某些援助者具有共同捐助者利益，自然导致在向特定受援主体提供援助时基于共同利益而采取一致的援助行动，从而导致援助的额外波动。不同援助方在从事援助时所具备的专业化能力是不同的，例如基于政府主导的援助者的专业能力往往高于非政府主导的援助组织者，专业化能力低的援助者有时会跟随专业化能力高的援助者采取援助行动，自然会形成援助的羊群效应，引发援助资金的波动。

3.3.2　来自受援方的原因

第一，受援国对援助需求发生变化引发援助波动。受援国对援助资金的需要强度不会一成不变，援助需求会随本国经济发展水平和特殊事件而发生变化。在本国自身努力和外部援助下，有的受援国经济和社会发展水平不断提高，对国际援助需求下降，国际社会如果认为这类国家逐渐接近或达到从受援国名单中"毕业"的水平，会逐渐减少对这类国家的援助，从而引发负向援助波动。而对于尚未"毕业"的大多数受援国，一般自身经济发展水平和社会治理能力较低，应对意外事件能力不足，一旦国内发生严重的自然灾难、公共卫生事件、政治动荡、战争，在短期内会导致大量的人道主义危机，国际社会基于人道主义和帮助受援国后续发展需要，短期内会对受援国增加大量的外部援助，因此就会产生正向援助波动；一旦受援国国内的自然灾难或社会动荡等负面影响因素逐渐消退，外部援助相应逐渐减少，从而发生负向援助波动。

第二，受援方的表现引发波动。援助方在分配援助资金时会考虑受援国的援助资金使用效果、制度质量、国内环境稳定性等因素。由于不同受援国在这些方面的表现存在很大差异会导致援助资金分配的不稳定性；有时受援国为迎合援助方的要求或条件，会修改本国（地区）的制度，甚至修改相应的法律，不同受援国配合外部援助的做法并不完全相同，自然导致所接受援助资金的不稳定。

3.3.3 来自其他方面的原因

援助波动原因来源有时更为复杂，不仅限于单个方面，有时会同时涉及援助方和受援国两者，有的可能也涉及第三方。

第一，援助方与受援方关系的变化引发援助波动。援助方与受援方的关系不是一成不变，双边关系的变化会波及援助行为，进而导致援助波动。这类变化也有多种：其一，援助国与受援国间国家关系的改变直接影响援助资金的波动。当援助国与受援国的国家关系改善，援助国会增加对受援国的援助，而当援助国与受援国关系恶化会减少援助，例如在 2001～2021 年的阿富汗战争期间，美国对阿富汗的援助随着与阿富汗政府关系的变化而发生巨大改变，当亲近美国的政府上台执政时，美国就会提供大量援助；当美国于 2021 年撤出阿富汗，塔利班重新执政时美国对阿富汗的援助迅速恶化，导致阿富汗人道主义危机严重。其二，受援国（地区）国际影响力变化导致援助波动。不同受援国（地区）在全球经济、政治格局中地位发生变化，某些国家（地区）地位和影响力上升，各援助国会重视对这些受援国（地区）的援助，往往增加援助资金，从而引发正向援助波动；而当某些国家（地区）地位和国家影响力下降，各援助国对其重视程度下降，往往会减少援助资金，从而引发负向援助波动。其三，发展援助存在国际竞争。不同援助方出于争夺对受援国（地区）的影响，会额外增加对援助对象的援助。实际上，对外援助的目标并不完全聚焦于受援国的经济增长和社会发展，构建有利于援助方的对外关系有时也是援助者考虑因素之一。不同援助国出于争夺同一受援国（地区）的考虑，以提升对这些受援国（地区）的影响，而打击另一个援助国在本地区影响力，需要短期大量增加援助，从而引发援助资金的波动。

第二，援助项目碎片化、援助协调难引发援助波动。过去几十年中捐助者的数量在急剧增加，新加入者包括区域开发银行、新兴市场国家、全球基金、慈善基金会和大量非政府组织（Dreher et al.，2013）。随着这种扩张，一个高度分散的援助格局形成，导致捐助者与受援国间的协调越来越难。各援助方基于自身决策而向受援国提供援助资金，很容易导致援助资金分配的短期内集中或分散，从而引发援助资金非理性地增加或减少，自然形成援助资金的不稳定。例如，当某受援国突然发生自然灾害，大量的援助方集中对该国增加援助，由于涉及援助方多、援助项目难以协调，必然引发正向的援助波动。如果某些资金挪自其他受援国，则其他受援国必然发生负向援助波动。

第三，导致援助波动的其他原因。例如，国际社会的激励、援助项目进展不顺、过分使用援助条件等。具体而言：其一，援助资金的提供也会受到国际社会设定的发展议题的正激励或负激励。每间隔一段时间，国际社会召开特定的国际发展会议制定具体的发展目标，例如千年发展目标、可持续发展目标等，这些议题或倡议会正向激励援助国提供更多的援助，从而容易产生正向援助波动。当在发展议题或会议较少的年份，督促发达国家提供援助的外部激励不足，往往导致援助动力不足，援助减少从而发生负向援助波动。其二，援助项目进展受很多客观条件影响导致援助波动。例如，某些大型基础设施援助项目会根据具体进展提供分期援助，而这些大型项目受天气、地理环境、技术等客观因素的影响，导致施工进展波动，某些时候进展快，某些时候进展慢，用援助资金衡量就会表现出援助资金的波动。其三，许多西方国家援助项目规定受援方必须符合一定的援助条件，如果达不到援助条件会减少相应的援助规模。

3.4 本章小结

本章主要通过收集和整理相关数据资料，首先从援助方和受援方角度利用不同指标分析了援助波动情况，其次分析了产生援助波动的主要原因。

（1）从援助提供方角度看

第一，从世界提供的总援助角度看，按照 2018 年美元价格，1980～2020 年援助总体呈现波动增长趋势，不过无论是不剔除时间趋势，还是剔除时间趋势影响，2000～2020 年的波动幅度要比 1980～1999 年的波动幅度大。

第二，DAC 总援助及其主要成员国提供的援助也存在较大波动。DAC 提供了世界绝大多数的官方发展援助，DAC 总援助的波动变化趋势基本与世界总波动保持一致，即在 2000 年以后的波动幅度要大于 2000 年以前。从 DAC 的几个主要成员国提供的援助资金角度看，各成员国提供援助的波动幅度存在较大差异。如果从极差、标准差和离散系数指标考察，DAC 主要成员国提供的援助绝对规模的波动差异都客观存在。采用 HP 滤波技术剔除时间趋势影响后，其中美国提供的援助额的波动最大，德国的次之，而日本、英国、法国、加拿大、意大利五国的波动范围稍小，大体处于 -20 亿美元至 20 亿美元之间。

第三，如果从提供援助占 GNI 比重看，无论是 DAC 还是其成员国，援助占 GNI 比重都呈现上下波动情况。DAC 援助额占 GNI 比重围绕 0.3% 上下波动。从提供援助占 GNI 比重看，其主要成员间的援助波动也存在较大差异，其中法国平均援助水平最高，其平均值为 0.48%；美国长期围绕 0.2% 上下波动，有些年份甚至低于 0.1%。采用极差、标准差和离散系数不同指标考察，DAC 主要成员国提供的援助额占本国 GNI 比重的波动差异都客观存在。采用 HP 方法剔除时间趋势影响后，DAC7 个主要成员所提供的援助额占本国 GNI 比重的波动幅度也存在较大差异。7 个国家中英国的波动范围最大，处于 -0.091% 至 0.082% 之间，两者相差 0.173%；而加拿大的波动范围最小，处于 -0.035% 至 0.047% 之间，两者相差 0.082%。

（2）从受援方角度看

第一，从所接受援助的绝对规模看，以 2018 年不变美元价格计算，1990~2020 年各地区也存在较大波动。其中撒哈拉以南非洲地区波动最大，总体呈现波动上升趋势，且受援资金规模最大，绝大多数年份处于 200 亿~600 亿美元范围；中东与北非地区所接受的援助规模总体处于第二大，绝大多数年份处于 100 亿~300 亿美元范围。利用极差、标准差和离散系数指标测算，不同受援地区接受的援助绝对规模确实存在波动差异。

第二，从不同地区看，1990~2020 年各受援地区所接受的援助额占本国 GNI 比重存在较大波动。其中太平洋岛国所接受的比重最高，其值在 8%~18%，且波动幅度也较大；得益于经济发展水平的上升，撒哈拉以南非洲地区所接受的援助占本地区 GNI 比重总体呈现波动下降的趋势。利用极差、标准差和离散系数指标进行统计，发现不同地区接受援助占其 GNI 比重的波动也存在较大差异。

第三，从不同受援国看，各国间接受的援助资金波动存在较大差异。首先，采用极差、标准差和离散系数 3 个指标测算，发现受援国接受援助的波动差异客观存在，且彼此间存在较大差异；如果采用 HP 滤波方法剔除时间趋势影响后，各受援国接受援助的绝对规模依然存在较大波动，且国家间也存在较大差异。其次，从受援国接受援助额占本国 GNI 比重角度看，无论是采用极差、标准差和离散系数指标，还是采用 HP 滤波方法，受援国接受援助占本国 GNI 比重的波动也客观存在，且相互间也存在较大差异。

（3）产生援助波动的原因

产生援助波动的原因是复杂的，其原因包括援助方、受援方和其他方面。从援助资金提供方角度看，援助方本身经济状况好坏、对受援国的选择偏好、援助跟随行为等都会引发援助资金波动。从受援方角度看，援助需求变化、受援方表现会导致援助资金波动。另外，援助双方关系变化、援助项目碎片化、援助协调困难等因素也会引发援助资金的波动。

第4章

贫困内涵与受援方贫困变化

要深入剖析援助波动对受援国减贫影响，还需要了解受援国贫困变化情况。本章首先对贫困的内涵与测度进行了全面梳理，然后分别采用经济贫困中的贫困率指标，以及采用能力贫困中的人类发展指数（HDI）、儿童死亡率、孕产妇死亡率和预期寿命来衡量受援方贫困的变化①。

4.1　贫困的内涵与测度

4.1.1　贫困内涵的演进

历史上，贫困的内涵随着时代不同而不断演化。

贫困一词起源于 12 世纪（Cobbinah et al.，2013），近 200 年来随着人类社会的加速发展，贫困的外延在不断扩大。西蒙（Simon，1999）认为，19世纪的贫困是对基本"物质需要"缺乏的感知，并能够用食物、衣服和住所等指标来度量。而在 20 世纪初至 20 世纪 60 年代，贫困更多是从经济指标上来加以衡量，此时贫困往往是基于人均 GDP 指标来度量，将低于一定人均 GDP 标准的定义为贫困。到 20 世纪 60 年代末期，贫困开始由聚焦于经济

---

① 采用这些指标主要原因是能够简明地说明问题并且能够获得相关数据。

指标转向于满足"基本需要","基本需要"内涵比"物质需要"更为丰富，"基本需要"包括收入、就业和满足人们生活需要的各种物质（例如食物、住所和公共产品）。到了 20 世纪 70 年代，对贫困的定义在强调基本需要基础上更加关注人的福利，开始将财富平等分配、生活质量、自然环境和其他诸如教育、人均寿命、体面的生活等社会指标纳入考察的视野（UNDP，1990）。20 世纪 80 年代初期，贫困内涵在满足"基本需要"基础上，对"收入剥夺"（income deprivation）的关注不断上升。到 20 世纪 80 年代中期，"可持续的生计"（sustainable livelihood）被纳入贫困的内涵。到 20 世纪 80 年代末期，文化、性别和妇女权利被纳入贫困内涵的讨论中。

基于对贫困研究的不断深入，贫困的内涵进一步扩大，总体来看，从 20 世纪 90 年代到 21 世纪初，贫困的内涵从经济福利短缺逐渐延伸至能力剥夺和社会排斥领域。在 20 世纪 90 年代，贫困过于聚焦经济因素受到国际机构和学者的批评，他们提出人类发展的重要性。例如，森从能力剥夺角度分析贫困问题，认为贫困是生存能力和机会的不足。[①] 世界银行在其颁布的《1990 年世界发展报告》中指出，贫困不仅指物质的匮乏，而且包括低水平的教育和健康等。1997 年，联合国开发计划署（UNDP）在《人类发展报告》中提出"人文贫困（human poverty）"的概念，认为贫困不仅是一个经济问题。在认识到贫穷的多维属性后，世界银行进一步扩展了贫困的内涵，明确将贫困的内涵拓展至剥夺和社会排斥层面，认为贫困不仅指物资的剥夺、不良的教育和健康状况，也包括脆弱性和暴露风险中，以及被政府机构和社会所排斥，导致缺乏发言权和表达需求的能力。[②] 随着对贫困复杂性和多维性认识的加深，以及全球减贫事业的迫切需要，千年发展目标与可持续发展目标，进一步强调贫困的多维特征，并规定了相应的贫困标准，同时也将识字率、环境保护、健康等社会指标涵盖在内。

---

① 阿马蒂亚·森. 贫困与饥荒：论权利与剥夺 [M]. 王宇等，译. 北京：商务印书馆，2001.

② The World Bank. World Development Report 2000/2001 [R]. Oxford University Press, 2000：15.

4.1.2　不同贫困的内涵与测度

虽然贫困内涵随着时代的发展而发生改变，然而综合来看，贫困主要涉及三个方面：经济福利、人类发展和社会排斥。据此，贫困可细分为经济贫困、能力贫困和社会贫困三种，下面将具体阐述。

经济贫困，是指缺乏基本的收入来源或生活物资，致使不能达到基本的生活水平。具体而言，经济贫困又可分为收入/消费贫困和资产贫困。收入/消费贫困，其衡量标准主要是货币收入或消费额，主要测度指标包括贫困率、贫困深度、和贫困强度等；资产贫困是指按照资产拥有量指标来衡量贫困状况，其衡量标准主要是资产占有额。

能力（或人类）贫困，是指缺乏获取和享有正常生活、自由支配各种行为的能力，这里的能力指诸如营养状况、卫生健康条件、受教育程度、平均寿命等。其衡量标准包括营养、健康、教育、住房、水、卫生和穿着等，其测度指标主要有人类发展指数（HDI）、多维贫困指数（MPI）、婴儿死亡率、孕产妇死亡率、预期寿命等。本书的实证检验部分将能力贫困中卫生健康维度的儿童死亡率、孕产妇死亡率和预期寿命作为衡量受援国贫困中健康维度的指标，用这三个指标衡量的贫困在书中也被称为健康贫困。

社会贫困，是从社会排斥角度定义贫困，衡量标准包括社会参与度、发言权、社会保障体系和赋权等，目前还没有合适的测度指标。

对贫困的不同内涵和相应测度指标归纳成表 4 - 1。

表 4 - 1　　　　　　　贫困的不同内涵和相应测度指标

贫困种类	贫困定义视角	衡量标准	主要测度指标	本书中采用的指标与称呼
经济贫困	从经济收入（或消费）角度定义贫困	货币收入或消费额	贫困人口总数、贫困率、贫困深度、贫困强度	经济贫困：贫困率、贫困深度、贫困强度
	从资产占有角度定义贫困	资产占有额	—	—

贫困种类	贫困定义视角	衡量标准	主要测度指标	本书中采用的指标与称呼
能力贫困	从人类发展能力的剥夺角度（收入、健康、教育等）定义贫困	营养、健康、教育、住房、水、卫生、穿着等	婴儿死亡率、孕产妇死亡率、预期寿命、人类发展指数（HDI）、多维贫困指数（MPI）等	人类发展指数（HDI）；健康贫困：婴儿死亡率、孕产妇死亡率、预期寿命
社会贫困	从社会排斥角度定义贫困	社会参与度、发言权、社会保障体系、赋权等	—	—

资料来源：笔者归纳整理，"—"表示没有成熟的指标。

4.1.3　可用于衡量减贫效果的指标

不同的援助行为作用于贫困的不同方面，因此可用不同的指标从不同侧面反映援助及其波动的减贫效果。前文所提到的人类发展指数、多维贫困指数等指标分别从比较综合的角度来衡量贫困状况，各综合指标分解出的子指标以及其影响因素都可以量化为不同指标来衡量减贫效果。

贫困率、贫困深度和贫困强度指标都可以用于衡量经济贫困的改善效果。另外，援助项目经常聚焦于某些具体的目标，例如资助农民购买化肥、改善种子质量、维修农村灌溉设施、直接雇用贫困者参与援助项目等，这些援助项目目标都是促进贫困家庭或地区增产增收，因此衡量这些项目的具体指标，例如农业化肥使用率、高产种子使用率、灌溉设施的维修率、援助项目提供的就业岗位等指标都可以用于衡量援助对经济贫困的改善情况。

人类发展指数及其三个子项目（预期寿命、受教育程度及经济发展水平）都可以用于衡量贫困的改善情况，对各子项目的分解指标同样也可用于衡量贫困的改善状况。例如，5岁以下儿童死亡率、孕产妇死亡率、农村孕妇住院分娩率、疫苗接种率、艾滋病感染率、疟疾发病率等都会影响预期寿命，因此这些指标同样可用于衡量援助的减贫效果。小学入学率、女婴入学比例、儿童受教育年限等指标又会影响受教育程度，同样这些指标可用于衡量贫困的改善状况。其他能够衡量经济发展水平的指标也可用于衡量贫困的改善效果。

多维贫困指数以及其 10 个子项目（财产、屋内地面、电、饮用水、厕所、做饭用燃料、儿童入学率、受教育年限、儿童死亡率和营养）本身都可用于衡量援助的减贫效果。由于援助项目可以直接用于帮助贫困地区或家庭改善饮用水使用条件、帮助改造家庭地面和厕所卫生、接入电力、赠与生活物资、向婴儿提供奶粉、对入学家庭提供补贴等，因而与此相关的指标都可用于衡量援助的减贫效果。

由于部分援助项目聚焦于减少贫困家庭的被排斥程度，因而这些衡量社会排斥程度的指标都可用来衡量减贫效果，例如社会保障体系对贫困家庭的覆盖程度、贫困者发言权、贫困家庭学生占比、贫困地区被纳入国家的发展计划程度等。

实际上，可持续发展目标所确定的 17 个目标也是从多维的角度，制定援助在经济贫困、能力（人类贫困）、社会贫困方面所力争要达到的减贫目标。这些目标本身就是衡量援助减贫效果的有效指标。

本书在后续的分析中，在探讨全球层面或国家层面的贫困变化时，主要使用经济贫困中的贫困率、能力贫困中的人类发展指数（HDI）、儿童死亡率、孕产妇死亡率和预期寿命指标。在进行计量与机器学习实证分析时，根据数据的可获得性采用贫困率、贫困深度、贫困强度、儿童死亡率、孕产妇死亡率、预期寿命来度量援助的减贫效果。而在进行微观援助案例分析时，更多地从可持续发展目标下各子指标角度考察援助及其波动对减贫的影响，例如某个项目下援助波动对艾滋病防治、对儿童营养健康影响等。

4.2　受援方经济贫困变化

经济贫困是从经济收入的角度看个人或家庭的贫困状况，其常用指标有贫困率、贫困深度和贫困强度等指标。其中贫困率是较早也较普遍使用的一个指标，反映贫困发生的人口比重或规模。为节省篇幅，本节仅用贫困率指标来衡量受援方经济贫困的变化情况。这里的贫困率是按照世界银行颁布的每天1.9美元的贫困标准（2011年购买力平价）进行统计，即将每天生活支出低于1.9美元标准的人群定义为贫困人群。

4.2.1 世界及主要地区贫困率变化

根据世界银行资料，自20世纪90年代开始，世界范围内生活在极端贫困中的人数一直在稳步下降，不过这一趋势在2020年因新冠疫情受到巨大冲击。按照1.9美元的贫困标准，世界贫困率从1990年的36.3%下降至2018年的8.7%，总体看世界减贫成果巨大。

从不同地区的贫困率指标看，各地的减贫存在很大差异。撒哈拉以南非洲地区长期是世界提供援助的重点地区，该地区的贫困率从1990年的55.1%下降至2019年的38.3%，虽然贫困率下降了16.8%，但仍然属于世界最贫困的地区。其次贫困率较高的是南亚地区，该地区贫困水平从1990年的49.5%下降至2014年的15.2%。东亚与太平洋地区的减贫效果最好，贫困率从1990年的60.9%下降至2019年的0.9%。拉丁美洲与加勒比地区的贫困率从1990年的15.6%下降至2019年的4.1%。欧洲与中亚地区的贫困率从1990年的2.3%下降至2019年的1.1%。而中东与北非地区的贫困率从1990年的6.3%上升至2018年的7.5%，出现这种现象与该地区政治动荡有很大关系。显然，从贫困率指标看不同地区的减贫效果存在较大差异，其中东亚与太平洋地区效果最好，而中东与北非地区最不理想，当前撒哈拉以南非洲地区的贫困率绝对水平最高。导致减贫差异的原因有多种，主要与各地的经济发展、政治局势、过去的贫困状态等因素有关，而援助及其资金的波动也可能是一个影响因素。不同地区贫困率变化数据如表4-2所示，为更直观将表4-2的数据绘制成图4-1。

表 4－2　　　　　　1990～2019 年世界及主要地区贫困率变化情况　　　　单位:%

年份	东亚与太平洋地区	欧洲与中亚地区	拉丁美洲与加勒比海地区	中东与北非地区	南亚	撒哈拉以南非洲地区	世界
1990	60.9	2.3	15.6	6.3	49.5	55.1	36.3
1991	58.9	2.8	14.7	10	48.9	56.8	35.9
1992	56.1	4.2	14.7	8	47.1	58.3	35
1993	53.2	5.1	14.6	6.6	46	59.7	34.1
1994	49.7	6.7	13.5	6.3	45.2	60.2	33.1
1995	44.6	6.8	13.6	6.6	43.3	59.7	31.2
1996	40.2	6.8	15.3	5.9	42	58.7	29.7
1997	40.1	6	14.4	5	—	58.5	29.5
1998	41.4	6	13.7	4.1	—	58.4	29.8
1999	37.9	7.8	13.9	3.7	—	58.2	28.8
2000	34.8	7.4	12.8	3.4	—	57.8	27.7
2001	32.7	6.6	12.5	3.4	—	57.1	26.9
2002	29.1	5.7	11.9	—	39.6	56.2	25.6
2003	25.9	5.8	11.4	4.2	38.5	55.2	24.4
2004	22.5	4.8	10.4	3.3	36.8	52.7	22.6
2005	18.3	4.7	9.8	3.1	34.9	51.1	20.8
2006	17.8	4	8	2.9	33.5	49.9	20.1
2007	15.7	3.3	7.6	2.8	31.8	48.7	18.9
2008	14.7	2.7	7.1	2.7	30.4	47.4	18.2
2009	12.9	2.5	6.7	2.5	29.3	47	17.3
2010	10.8	2.4	6.1	2.1	25.9	45.3	15.7
2011	8.1	2	5.6	2.3	21	44.2	13.7
2012	6.9	1.9	4.7	2.2	19.2	43.5	12.8
2013	3.3	1.6	4.2	2.2	17.1	42.5	11.2
2014	2.6	1.8	4	2.6	15.2	41.4	10.6
2015	2.1	1.5	3.9	4.8	—	41.3	10.1
2016	1.7	1.3	4.1	5.3	—	40.9	9.6
2017	1.5	1.3	4.1	6	—	40	9.1
2018	1.2	1	4	7.5	—	38.9	8.7
2019	0.9	1.1	4.1	—	—	38.3	—

　　注:贫困人口比例按每天 1.90 美元（2011 年购买力平价）衡量的贫困人口占总人口的百分比,"—"表示缺少数据。

　　资料来源:世界银行公开数据库。

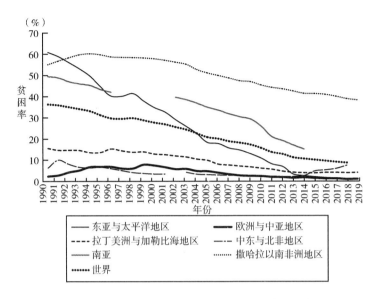

图 4 – 1　1990～2019 年不同地区贫困率变化趋势

资料来源：世界银行公开数据库。

4.2.2　不同收入水平国家贫困率变化

不同收入水平国家的减贫情况也存在差异，具体情况如表 4 – 3 所示。1990～2019 年，高收入国家的贫困率从 0.5% 变为 0.6%，其贫困率反而上升了 0.1%，不过其绝对水平是最低的，接近消灭绝对贫困。低收入国家是接受援助的重点对象，其贫困率 1995 年为 64.3%，到 2018 年贫困率下降至 45.3%，贫困率下降了 19%，不过其贫困率绝对水平依然是最高的。可见，未来低收入国家依然是援助减贫的主要目标。中低收入国家 1990 年贫困率为 44.8%，至 2017 年其贫困率下降至 10.8%，贫困率下降了 34%，减贫效果巨大。中高等收入国家的贫困率从 1990 年的 42.7% 下降至 2019 年的 1.4%，贫困率下降了 41.3%，可见该地区的减贫效果最好。从贫困率的绝对水平看，低收入国家、中低收入国家的贫困率依然相对较高，因此依然是未来援助减贫的主要对象，其中低收入国家是援助减贫的重中之重。为更加直观，将表 4 – 3 数据绘制成图 4 – 2。

表 4-3　　　　1990~2019 年不同收入水平国家贫困率变化情况　　　单位:%

年份	高收入国家	低收入国家	中低收入国家	中高等收入国家
1990	0.5	—	44.8	42.7
1991	0.5	—	44.3	41.8
1992	0.5	—	43.1	39.7
1993	0.6	—	41.9	37.6
1994	0.6	—	40.5	35.1
1995	0.6	64.3	38.1	31.5
1996	0.6	63	36.2	28.9
1997	0.6	62.5	35.9	28.3
1998	0.6	61.9	36.2	27.9
1999	0.5	61.2	34.9	27.7
2000	0.5	60.4	33.6	25.1
2001	0.5	59.5	32.6	23.7
2002	0.5	60	30.9	21.7
2003	0.6	58.5	29.4	19.5
2004	0.5	55.5	27.2	16.4
2005	0.5	53.8	25	13.4
2006	0.5	53	24.1	12.2
2007	0.5	51.8	22.7	11
2008	0.5	50.2	21.8	10.3
2009	0.5	50.6	20.8	9.3
2010	0.5	48.7	18.8	8
2011	0.5	47.7	16.4	6
2012	0.5	47.3	15.4	5.1
2013	0.6	46.4	13.4	2.3
2014	0.6	45.5	12.6	2
2015	0.7	47	12	1.7
2016	0.6	46.4	11.4	1.6
2017	0.7	45.7	10.8	1.6
2018	0.6	45.3	—	1.4
2019	0.6	—	—	1.4

注：表中"—"表示缺少数据。

资料来源：世界银行公开数据库。

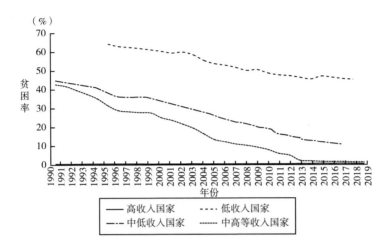

图 4 - 2　1990 ~ 2019 年不同收入水平国家贫困率变化趋势

资料来源：世界银行公开数据库。

4.2.3　典型受援国贫困率变化

不同受援国的贫困变化与世界和地区贫困变化并不完全相同，因此有必要考察具体受援国贫困率变化情况。由于全部列举所收集的所有受援国贫困率变化非常累赘，为简单说明问题且与第 3 章选取的受援国对应，同样选取了贝宁、布基纳法索、斐济、加纳、老挝、马拉维、尼泊尔、坦桑尼亚和津巴布韦 9 个国家。需要指出的是世界银行公布的各国贫困率数据存在大量缺失情况，因而只能大致地观察这些国家贫困率的变化情况。所选取的国家贫困率变化情况参见表 4 - 4。其中贝宁 2003 年贫困率为 51.4%，到 2018 年下降至 19.2%，贫困率下降显著，减贫效果较好。布基纳法索 1994 年的贫困率高达 83.2%，到 2018 年贫困率下降至 33.7%，同样其减贫效果明显。斐济的贫困率水平最低，2002 年贫困率为 2.3%，到 2019 年下降至 1.8%。加纳 1991 年的贫困率为 47.9%，到 2016 年下降至 12.7%，其间贫困率下降了 35.2%。老挝 1992 年贫困率为 31.1%，到 2018 年下降至 10%，贫困率下降了 21.1%。马拉维 1997 年贫困率高达 62.4%，到 2019 年反而上升至

73.5%，其间马拉维不但没有实现减贫，反而贫困状况在恶化。尼泊尔 1995 年的贫困率为 66%，到 2010 年下降至 15%，减贫成果显著。坦桑尼亚 1991 年贫困率为 72.3%，至 2019 年下降至 49.4%。津巴布韦 2011 年贫困率为 21.4%，到 2019 年反而上升至 39.5%。简单从这几个受援国家的贫困率变化看，虽然这些国家长期接受国际援助，但减贫差异巨大，有的国家减贫成果显著，而有的国家贫困水平反而上升，其中缘由值得思考。

表 4-4　　　　　1991～2019 年部分受援国贫困率变化情况　　　　单位:%

年份	贝宁	布基纳法索	斐济	加纳	老挝	马拉维	尼泊尔	坦桑尼亚	津巴布韦
1991	—	—	—	47.9	—	—	—	72.3	—
1992	—	—	—	—	31.1	—	—	—	—
1993	—	—	—	—	—	—	—	—	—
1994	—	83.2	—	—	—	—	—	—	—
1995	—	—	—	—	—	—	66	—	—
1996	—	—	—	—	—	—	—	—	—
1997	—	—	—	—	50.7	62.4	—	—	—
1998	—	81.6	—	34.2	—	—	—	—	—
1999	—	—	—	—	—	—	—	—	—
2000	—	—	—	—	—	—	—	86.2	—
2001	—	—	—	—	—	—	—	—	—
2002	—	—	2.3	—	32.1	—	—	—	—
2003	51.4	57.4	—	—	—	—	49.9	—	—
2004	—	—	—	—	—	72.5	—	—	—
2005	—	—	—	23.4	—	—	—	—	—
2006	—	—	—	—	—	—	—	—	—
2007	—	—	—	—	—	25.7	—	60.3	—
2008	—	—	1.6	—	—	—	—	—	—
2009	—	55.4	—	—	—	—	—	—	—

续表

年份	贝宁	布基纳法索	斐济	加纳	老挝	马拉维	尼泊尔	坦桑尼亚	津巴布韦
2010	—	—	—	—	—	71.1	15	—	—
2011	53.2	—	—	—	—	—	—	49.6	21.4
2012	—	—	—	11.2	14.5	—	—	—	—
2013	—	—	0.5	—	—	—	—	—	—
2014	—	43.8	—	—	—	—	—	—	—
2015	49.6	—	—	—	—	—	—	—	—
2016	—	—	—	12.7	—	69.2	—	—	—
2017	—	—	—	—	—	—	—	—	33.9
2018	19.2	33.7	—	—	10	—	—	49.4	—
2019	—	—	1.8	—	—	73.5	—	—	39.5

注：表中"—"表示缺少数据，1990 年和 2020 年全部缺少数据，因此没有包括在内。
资料来源：世界银行公开数据库。

4.3 受援方能力贫困变化

单纯从经济贫困角度衡量受援方贫困水平可能存在偏颇。为此，本节从能力贫困角度考察广大受援地区与受援国的贫困状况，主要从人类发展指数（HDI）、儿童死亡率、孕产妇死亡率和预期寿命四个指标展开分析。

4.3.1 人类发展指数变化

按照人类发展指数（HDI）的变化看，世界平均水平从 1990 年的 0.598 增长至 2018 年的 0.731。从不同地区看，从 1990 年至 2018 年期间不同地区的 HDI 普遍上升，即便是最不发达国家和撒哈拉以南非洲地区，其趋势也是一直增长。世界及主要地区 HDI 变化情况见表 4-5 和图 4-3。其中，最不发达国家 HDI 从 1990 年的 0.35 增长至 2018 年的 0.528，而撒哈拉以南非洲地区的 HDI 也从 0.402 增长至 0.541，南亚地区的 HDI 从 0.441 增长至 0.642。拉丁美洲和加勒比地区 HDI 从 0.628 增长至 2018 年的 0.759，欧洲和中亚地区 HDI 从 0.652 增长至 0.779，东亚和太平洋地区从 0.519 增长至 0.741，阿拉伯地区从 0.556 增长至 0.703。

表 4-5　　　　　　世界及主要地区人类发展指数（HDI）变化

年份	阿拉伯地区	东亚和太平洋	欧洲和中亚	拉丁美洲和加勒比	南亚	撒哈拉以南非洲	最不发达国家	世界平均水平
1990	0.556	0.519	0.652	0.628	0.441	0.402	0.350	0.598
2000	0.613	0.597	0.667	0.687	0.505	0.423	0.399	0.641
2010	0.676	0.691	0.735	0.731	0.585	0.498	0.485	0.697
2013	0.688	0.714	0.759	0.748	0.607	0.521	0.504	0.713
2015	0.695	0.727	0.770	0.754	0.624	0.532	0.516	0.722
2016	0.699	0.733	0.772	0.756	0.634	0.535	0.520	0.727
2017	0.701	0.737	0.776	0.758	0.639	0.539	0.525	0.729
2018	0.703	0.741	0.779	0.759	0.642	0.541	0.528	0.731

资料来源：联合国数据中心。

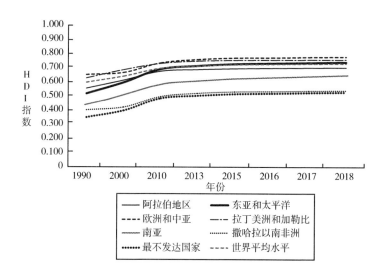

图 4-3　世界不同地区人类发展指数变化趋势

资料来源：联合国数据中心。

4.3.2 儿童死亡率变化

1990～2020 年世界儿童死亡率变化情况见表 4-6。从总体看，世界儿童死亡率从 1990 年的 93.2‰下降至 2020 年的 36.6‰。其中重债穷国 1990 年死亡率为 181.3‰，而到 2020 年下降至 64.1‰，每千人儿童死亡人数减少了 117.2 人，减贫效果显著。按照不同收入水平看，最不发达国家 1990 年儿童死亡率为 175.3‰，到 2020 年下降至 60.7‰。低收入国家儿童死亡率 1990 年为 185.3‰，到 2020 年下降至 66.0‰。中低收入国家 1990 年的死亡率为 102.6‰，到 2020 年下降至 39.9‰。从不同地区看，中东和北非地区的儿童死亡率 1990 年为 65.5‰，到 2020 年下降至 21.3‰。南亚地区的儿童死亡率 1990 年为 129.9‰，到 2020 年下降至 38.5‰。撒哈拉以南非洲地区 1990 年儿童死亡率为 179.3‰，到 2020 年下降至 73.3‰。从儿童死亡率指标看，世界总体水平、不同收入国家和不同地区都呈现下降态势。为更加直观地反映这种态势的变化，将表 4-6 的数据绘制成图 4-4。

表 4-6　　　　1990～2020 年世界儿童死亡率变化情况　　　　单位:‰

| 年份 | 按收入水平分 | | | | 按地区分 | | | 世界 |
	重债穷国（HIPC）	最不发达国家:联合国分类	低收入国家	中低收入国家	中东与北非地区	南亚	撒哈拉以南非洲地区	
1990	181.3	175.3	185.3	102.6	65.5	129.9	179.3	93.2
1991	178.4	171.8	182.2	101.4	62.8	126.2	177.7	92.0
1992	175.5	168.4	179.0	100.2	60.3	122.5	176.1	90.7
1993	172.9	165.1	176.1	98.9	58.0	118.9	174.6	89.5
1994	171.7	163.0	175.3	97.6	55.7	115.4	174.2	88.4
1995	166.2	157.6	168.6	95.6	53.4	111.8	170.1	86.5
1996	162.6	153.7	164.6	93.6	51.2	108.1	167.4	84.8
1997	158.6	149.6	160.3	91.3	49.0	104.4	164.0	82.8

年份	按收入水平分				按地区分			世界
	重债穷国（HIPC）	最不发达国家：联合国分类	低收入国家	中低收入国家	中东与北非地区	南亚	撒哈拉以南非洲地区	
1998	154.6	145.2	155.6	88.9	46.9	100.7	160.1	80.7
1999	149.6	140.5	150.6	86.2	44.9	96.9	155.7	78.4
2000	144.5	135.5	145.2	83.5	42.9	93.3	150.9	75.8
2001	138.9	130.2	139.6	80.5	40.9	89.7	145.6	73.2
2002	133.2	124.8	133.8	77.5	39.1	86.2	140.1	70.5
2003	127.5	119.5	128.1	74.5	37.3	82.9	134.6	67.8
2004	121.9	114.2	122.5	71.9	35.5	79.9	129.2	65.4
2005	116.6	109.2	117.2	68.7	33.9	76.6	124.0	62.5
2006	111.6	104.5	112.2	66.0	32.3	73.6	119.1	60.0
2007	106.8	99.9	107.4	63.3	30.9	70.6	114.2	57.6
2008	102.2	96.7	102.8	60.9	29.5	67.7	109.6	55.5
2009	97.9	91.5	98.5	58.2	28.3	64.8	105.1	53.0
2010	95.3	88.9	94.6	56.1	27.3	61.9	101.0	51.2
2011	90.0	84.1	90.8	53.6	26.6	59.1	97.3	49.0
2012	86.3	80.7	87.7	51.7	26.7	56.4	93.8	47.2
2013	82.8	77.5	84.5	49.8	26.4	53.8	90.7	45.5
2014	79.6	74.6	81.6	48.1	25.7	51.3	87.9	44.0
2015	76.7	72.0	78.7	46.5	24.4	48.8	85.4	42.6
2016	73.7	69.3	75.7	45.0	24.2	46.5	82.8	41.3
2017	71.1	67.0	72.8	43.6	22.9	44.3	80.4	40.0
2018	68.7	64.8	70.5	42.3	22.9	42.2	78.0	38.8
2019	66.4	62.7	68.2	41.0	21.9	40.3	75.6	37.7
2020	64.1	60.7	66.0	39.9	21.3	38.5	73.3	36.6

注：表中数据表示五岁以下儿童死亡率，按照每千例活产儿计算。

资料来源：世界银行公开数据库。

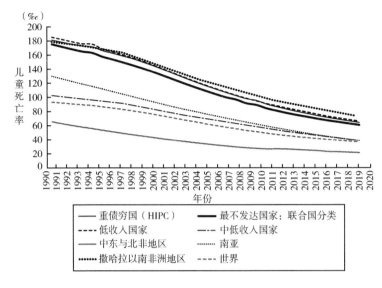

图 4 - 4 1990~2020 年世界儿童死亡率变化趋势

注：图中纵坐标为五岁以下儿童死亡率。

资料来源：世界银行公开数据库。

同样，从不同受援国看，儿童死亡率趋于下降，不过也存在差异，具体如表 4 - 7 所示。其中贝宁 1990 年儿童死亡率为 172.9‰，到 2020 年下降至 85.9‰。布基纳法索儿童死亡率 1990 年为 199.1‰，到 2020 年下降至 85‰。斐济的儿童死亡率 1990 年为 29‰，到 2020 年下降至 27.4‰。加纳儿童死亡率从 1990 年的 127.4‰下降至 2020 年的 44.7‰。老挝儿童死亡率从 1990 年的 153.94‰下降至 2020 年的 44.1‰。马拉维儿童死亡率从 1990 年的 245.7‰下降至 2020 年的 38.6‰。尼泊尔儿童死亡率从 1990 年的 138.8‰下降至 2020 年的 28.2‰。坦桑尼亚儿童死亡率从 1990 年的 165.6‰下降至 2020 年的 48.9‰。津巴布韦儿童死亡率从 1990 年的 78.9‰下降至 2020 年的 53.9‰。从降低儿童死亡率程度看，马拉维、坦桑尼亚、布基纳法索、尼泊尔和老挝五国 1990~2020 年的减贫效果最好，其间儿童死亡率分别下降了 207.1‰、116.7‰、114.1‰、110.6‰和 109.8‰；其次贝宁和加纳分别下降了 87‰和 82.7‰；而津巴布韦和斐济分别下降了 25‰和 1.6‰。从 2020 年的儿童死亡率绝对值水平看，贝宁和加纳分别为 85.9‰、85‰，还有较大改善空间。

为更好反映这种态势的变化，将表4-7的数据绘制成图4-5。

表4-7　　　　1990~2020年部分国家儿童死亡率变化情况　　　单位:‰

年份	贝宁	布基纳法索	斐济	加纳	老挝	马拉维	尼泊尔	坦桑尼亚	津巴布韦
1990	172.9	199.1	29	127.4	153.9	245.7	138.8	165.6	78.9
1991	168.9	198.4	27.9	123.2	148.8	238.1	131.8	163.6	82
1992	164.8	198.2	26.9	119.9	143.7	230.3	124.9	161.8	86
1993	160.9	197.7	26	117.6	138.6	222.8	118.2	160.1	90.2
1994	157.1	196.8	25.2	115.7	133.7	215.8	111.9	158.2	93.9
1995	153.4	195.1	24.5	114.2	129	209.5	105.8	155.9	97
1996	150	192.5	23.8	112.4	124.4	204.6	100	152.8	98.9
1997	146.6	189.4	23.3	110.1	119.9	199.7	94.5	148.6	99.3
1998	143.4	186.1	22.9	107.2	115.6	193.6	89.1	143.4	98.5
1999	140.1	182.6	22.6	103.7	111.4	185.5	84	137	97.1
2000	136.8	178.9	22.4	99.7	107.2	174.6	79.1	129.7	95.5
2001	133.7	174.9	22.3	95.7	103.1	160.5	74.6	121.9	93.8
2002	130.5	170.4	22.4	91.9	98.9	145.5	70.4	114	92.6
2003	127.4	165.3	22.5	88.5	94.8	131.6	66.4	106.5	91.6
2004	124.4	159.5	22.8	85.6	90.8	119.7	62.7	99.9	92.4
2005	121.5	153.1	23.1	83	86.8	110.5	59.4	93.3	93.1
2006	118.8	146.3	23.4	80.6	82.9	104.2	56.3	88.8	95
2007	116.2	139.5	23.7	78	79.1	99.9	53.4	83.8	95.7
2008	113.7	132.9	23.8	75.3	75.4	94.5	50.8	79.6	94.5
2009	111.3	126.9	23.7	72.3	71.7	89.4	48.3	75.4	91.3
2010	109	121.5	23.6	69.1	68.3	84.2	45.9	71.9	86.4
2011	106.7	116.9	23.6	65.9	65.1	77.6	43.6	68.4	80.8
2012	104.4	112.5	23.5	62.7	61.9	70.7	41.5	65.3	72.2
2013	102.1	108.3	23.7	59.8	59	63.4	39.4	62.7	66.3
2014	99.8	104.5	23.9	57.1	56.3	57.6	37.4	59.9	62.7
2015	97.6	100.9	24.2	54.6	53.8	53.3	35.5	58.1	61.3
2016	95.4	97.5	24.6	52.2	51.5	49.5	33.7	56	58.7
2017	93.2	94.1	25.5	50.1	49.4	46.2	32.1	54.1	57
2018	90.9	90.8	26.2	48.1	47.5	43.1	30.6	52.1	54.8
2019	88.4	87.8	26.9	46.4	45.7	40.6	29.3	50.5	54.2
2020	85.9	85	27.4	44.7	44.1	38.6	28.2	48.9	53.3

注：表中数据表示五岁以下儿童死亡率，按照每千例活产儿计算。
资料来源：世界银行公开数据库。

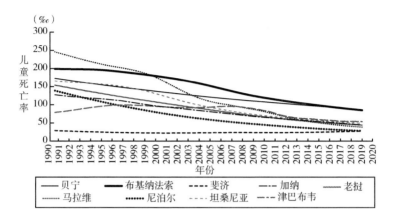

图 4-5 1990~2020 年部分国家儿童死亡率变化趋势

注：图中纵坐标为五岁以下儿童死亡率。

资料来源：世界银行公开数据库。

4.3.3 孕产妇死亡率变化

孕产妇死亡率是指每 10 万例活产中孕产妇死亡所占比例，目前该指标世界银行只公布了 2000~2017 年数据。从世界平均水平看，每 10 万例活产中孕产妇死亡率从 2000 年的 342 下降至 2017 年的 211。为直观，将 2000~2017 年世界孕产妇死亡率变化情况绘制成图 4-6。

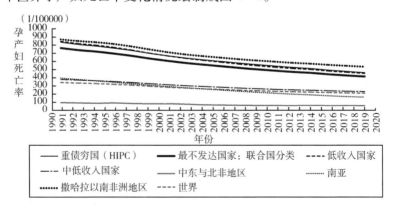

图 4-6 2000~2017 年世界孕产妇死亡率变化趋势

资料来源：世界银行公开数据库。

不同收入水平国家孕产妇死亡率也存在较大差异。其中重债穷国 2000 年孕产妇死亡率为 835，而到 2017 年下降至 462，每 10 万活产中孕产妇死亡人数减少了 373 人，减贫效果显著。最不发达国家 2000 年孕产妇死亡率为 763，而到 2017 年下降至 415。低收入国家 2000 年孕产妇死亡率为 845，而到 2017 年下降至 453。中低收入国家 2000 年孕产妇死亡率为 379，而到 2017 年下降至 231。

从不同地区看，中东与北非地区 2000 年孕产妇死亡率为 96，而到 2017 年下降至 57；南亚地区 2000 年孕产妇死亡率为 395，而到 2017 年下降至 163；撒哈拉以南非洲地区 2000 年孕产妇死亡率为 870，而到 2017 年下降至 534。总体看，不同地区孕产妇死亡率趋于下降，不过不同地区的下降程度并不相同，其中撒哈拉以南下降程度最大，每 10 万活产中孕产妇死亡比例下降 336，南亚地区下降 232，中东与北非地区下降 39。

不同国家的孕产妇死亡率情况也存在巨大差异，现随机选取 18 个受援国，将这些国家孕产妇死亡率情况绘制成表 4－8。2000～2017 年，表 4－8 中 18 个受援国的孕产妇死亡率都呈现下降趋势。其中卢旺达孕产妇死亡率下降最多，2000～2017 年每十万例活产中孕妇死亡率下降了 912。斐济孕产妇死亡率下降最少，仅为 17。贝宁从 2000 年的 520 下降至 2017 年的 397，下降了 123；布基纳法索从 2000 年的 516 下降至 2017 年的 320，下降了 196。其他国家都有不同程度的下降。

表 4－8　　　　　2000～2017 年部分国家孕产妇死亡率变化情况　　　单位：1/100000

年份	贝宁	布基纳法索	斐济	加纳	老挝	马拉维	尼泊尔	坦桑尼亚	津巴布韦	安哥拉	布隆迪	厄瓜多尔	加蓬	几内亚	尼日利亚	巴基斯坦	卢旺达	塞内加尔
2000	520	516	51	484	544	749	553	854	579	827	1010	122	380	1020	1200	286	1160	553
2001	516	501	49	445	517	735	521	819	629	766	956	117	370	1070	1200	275	1100	545
2002	511	486	48	415	491	714	520	788	666	690	925	110	361	1090	1180	264	961	537
2003	510	471	48	398	465	687	470	763	680	628	890	100	356	1080	1170	254	870	532

年份	贝宁	布基纳法索	斐济	加纳	老挝	马拉维	尼泊尔	坦桑尼亚	津巴布韦	安哥拉	布隆迪	厄瓜多尔	加蓬	几内亚	尼日利亚	巴基斯坦	卢旺达	塞内加尔
2004	505	454	47	384	437	654	447	741	686	574	844	94	354	1020	1130	243	758	526
2005	500	437	46	371	410	610	415	721	685	519	814	94	348	920	1080	237	643	519
2006	493	422	44	359	385	566	386	703	680	473	785	90	340	831	1040	222	541	514
2007	486	410	43	349	360	526	361	685	671	431	756	85	336	772	1010	214	469	504
2008	480	401	42	342	336	493	342	666	657	395	733	82	332	754	996	205	427	492
2009	471	393	40	339	314	466	323	656	632	359	698	80	324	750	987	199	424	472
2010	464	385	39	339	292	444	305	644	598	326	665	78	314	747	978	191	373	447
2011	458	377	38	339	272	428	285	628	557	300	635	76	304	748	972	180	349	423
2012	450	369	38	336	254	413	266	615	528	281	608	71	292	744	963	173	329	400
2013	441	362	37	331	238	396	248	593	509	269	591	67	277	731	951	166	308	381
2014	432	353	36	325	223	381	231	574	494	258	576	65	267	767	943	161	291	364
2015	421	343	35	320	209	370	236	556	480	251	568	63	261	699	931	154	275	346
2016	408	331	34	314	196	358	200	539	468	246	558	61	256	621	925	143	260	330
2017	397	320	34	308	185	349	186	524	458	241	548	59	252	576	917	140	248	315
差值	123	196	17	176	359	400	367	330	121	586	462	63	128	444	283	146	912	238

注：差值=2000年值-2017年值。
资料来源：世界银行公开数据库。

为了更加直观观察这些受援国的孕产妇死亡率变化，将表4-8中数据绘制成图4-7。从图4-7可知，图中的18个受援国家的孕产妇死亡率都趋于下降。到2017年，斐济的孕产妇死亡率最低，厄瓜多尔的死亡率次之。而到2017年尼日利亚的孕产妇死亡率最高，几内亚第二高。到2017年，多数国家的孕产妇死亡率居于200~600，可见在降低孕产妇死亡率方面还有很大的改善空间。

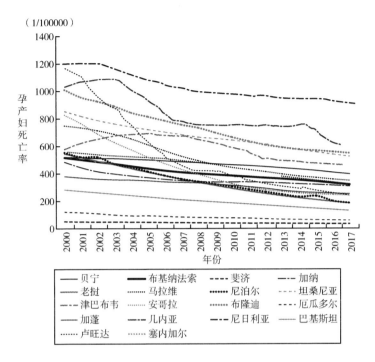

图 4 – 7　2000～2017 年贝宁等国家孕产妇死亡率变化趋势

资料来源：世界银行公开数据库。

4.3.4　预期寿命变化

根据世界银行数据，1990～2020 年主要受援地区的寿命都是增长的，如图 4 – 8 所示。从不同类型国家看，预期寿命变化存在较大差异。其中，重债穷国预期寿命从 1990 年的 49.9 岁增长至 2020 年的 63.8 岁；最不发达国家预期寿命从 1990 年 51.7 岁增长至 2020 年的 65.6 岁。低收入国家预期寿命从 1990 年的 50.6 岁增长至 2020 年的 64.1 岁；中低收入国家预期寿命从 1990 年的 63.0 岁增长至 2020 年的 71.3 岁。从不同地区看，南亚地区预期寿命从 1990 年的 58.1 岁，增长至 2020 年的 69.9 岁；撒哈拉以南非洲地区从 1990 年的 50.2 岁增长至 2020 年的 62.0 岁；中东与北非地区预期寿命从 1990 年的 65.8 岁增长至 74.4 岁，高于同期世界平均水平（72.7 岁）。

可见，按照不同收入水平、不同地区看，世界预期寿命都是在增长的。

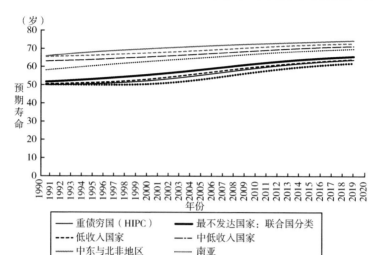

图 4 - 8 1990~2020 年不同地区预期寿命变化情况

资料来源：世界银行公开数据库。

4.4 本章小结

本章分析了世界贫困变化情况，主要从经济贫困和能力贫困两个视角展开相关分析。总体看世界的贫困呈现下降趋势，但在不同指标、不同区域、不同国家间贫困变化存在较大的差异。

4.4.1 从经济贫困视角看

第一，总体看世界减贫成果巨大。按照每天 1.9 美元的贫困标准，世界贫困率从 1990 年的 36.3% 下降至 2018 年的 8.7%。

第二，不同地区和不同收入水平国家的贫困率变化存在较大差异。首先，不同地区的减贫效果存在较大差异。其中，从贫困率指标看，撒哈拉以南非洲地区仍然属于世界最贫困的地区，南亚地区次之，而东亚与太平洋地区的减贫效果最好。其次，不同收入水平国家的减贫情况也存在差异。低收入国家到 2018 年贫困率依然高达 45.3%，中低收入国家的减贫效果巨大，中高等收入国家的贫困率已下降至 2019 年的 1.4%。

第三，从具体受援国看，国家间减贫差异巨大，有的国家减贫成果显著，而有的贫困反而上升。

4.4.2　从能力贫困视角看

第一，从人类发展指数看，世界和不同地区的人类发展指数普遍上升。1990～2018 年，撒哈拉以南地区人类发展指数从 0.402 上升至 0.541，世界平均水平从 0.598 上升至 0.731。

第二，从儿童死亡率指标看，世界总体水平、不同收入国家、不同地区的贫困都呈现下降态势。同样，从所考察的 9 个不同受援国看，其儿童死亡率都趋于下降，不过下降速度和程度也存在差异。

第三，从孕产妇死亡率指标看，世界贫困总体呈现下降趋势。从世界平均水平看，每 10 万例活产中孕产妇死亡率从 2000 年的 342 下降至 2017 年的 211。具体从不同收入水平国家、从不同地区、不同国家间看孕产妇死亡率也存在较大差异。

第四，从预期寿命指标看，主要受援地区的寿命都是增长的。不过，从不同类型国家、从不同地区看，预期寿命增长变化也存在较大差异。

第 5 章

援助资金波动对受援国减贫影响的理论分析

要研究援助波动对受援国减贫影响，就应该从理论上厘清援助及其波动与受援国减贫的关系。为此，本章首先分析了援助及其波动在受援国减贫中所扮演的角色，其次分析了援助及援助波动与受援国减贫的关系。最后，为了在经济系统中更加深入地观察援助与援助波动对受援国贫困影响的传导机制，还尝试从模型经济角度进行深入探讨。

5.1　援助及援助波动在帮助受援国减贫中的角色

减少贫困的手段有多种，各个手段所发挥的作用大小也不一样，要理清援助波动对受援国减贫的影响，就应探讨援助及援助波动在帮助受援国减贫的角色。

5.1.1　援助在抗击贫困中的角色

由于产生贫困的原因非常复杂，因此对抗贫困需要不同途径和手段的配合。从经济学视角看，促进经济增长和转移支付（社会救济）是两条可用的反贫困途径。

对于促进经济增长和转移支付，其力量可来自内部因素和外部因素。其中，内部因素是指通过贫穷国家自我的内生力量来促进增长或实现转移支付，内部因素包括提升教育和医疗水平、创造就业、技术创新、普及社会保障、改革制度等。而外部因素是指参与国际经济一体化和产业分工，借助国际贸易、国际投资、国际援助等外部力量驱动内部增长或转移支付，从而实现减贫。

对广大发展中国家而言，本身的经济发展水平较低，贫困人口众多，因此仅仅依靠内部力量很难完成自我减贫（例如撒哈拉以南非洲地区）。因此，借助外部因素实现减贫是必要的选择。在外部因素中，相对于国际援助，从规模和减贫较成功国家经验（例如中国）看，国际贸易、国际投资和国际融资对减贫的作用更大。然而国际投资、国际贸易和国际融资等外部因素强调经济利润，偏好于那些经济基础较好、市场潜力大、资源丰富、政局稳定的地区，致使广大贫困国家往往缺乏能力或吸引力深度参与国际投资、国际贸易和国际融资进程。事实上，减贫效果不好的国家往往在国际贸易、国际投资和国际融资活动中被边缘化。因此，国际援助对于这些被边缘化的国家而言，其在减贫中的意义就非常突出了。

在诸多的影响受援国贫困的内外因素中，国际援助究竟扮演何种角色值得思考。为表达直观与方便，将国际援助（包括援助波动）在反贫困中的角色总结成图5-1。从图5-1可以看出，一方面，国际援助可以作用于一国内部因素（路径1），例如投资于经济基础设施、教育、技术培训等领域，来推动受援国经济增长。另一方面，援助可以直接作用于受援国的穷人，通过国际转移支付（社会救济）途径改善贫困群体的生存条件，推动减贫（路径2）。可见对于外部反贫困力量，国际援助既可通过作用于受援国内部因素来间接推动减贫，又可以通过直接的国际救助（转移支付）来直接减贫，而后者是国际贸易、国际投资或国际融资所缺乏的。

5.1.2　援助波动对贫困影响的角色

由于援助波动本质上依援助而生，没有援助就没有援助资金的波动，只

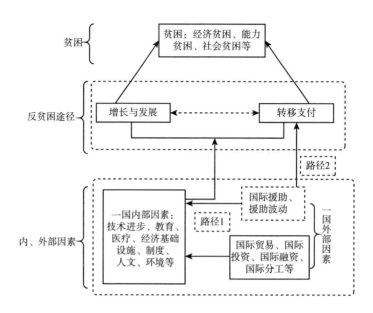

图 5 - 1　援助与援助波动在反贫困中的角色

资料来源：笔者绘制。

有出现援助资金的波动，才产生援助波动。在援助与援助波动中，显然援助是原生的，而援助波动是次生的。从这一点看，援助波动对受援国贫困影响是次生的。

援助波动在抗击贫困中的角色同样如图 5 - 1 所示。源自援助资金不稳定的援助波动同援助一道主要通过两条不同路径影响减贫（图 5 - 1 中路径 1 和路径 2）。从绝对值大小看，一般援助波动会小于援助，因此从影响减贫的绝对大小看，援助波动一般会小于援助本身。由于援助资金的波动一般会扭曲受援主体的某些行为，总体上会抑制援助减贫效果，因此援助波动对受援国减贫的影响往往也是负面的。

从不同路径看，援助波动对减贫的影响机制并不完全相同。首先，从作用于一国内部因素（路径 1）看，援助波动会冲击受援国内部因素，从而不利于受援国减贫。突然的负向援助波动导致投入受援国医疗、教育、基础设施建设、技术进步、制度建设等的资金减少，进而影响受援国经济增长和转移支付能力，进而影响减贫。突然的正向援助波动虽然短期可增加对受援国医疗、教育、基础设施等领域的投入，短期有利于促进经济增长和减贫。然而，正向的援助波动可能导致受援国政府或企业产生浪费、腐败、依赖，扭曲政府与企业正常行为，导致援助资金更加缺乏效率，从而不利于长期减贫。其次，从直接作用于受援国的家庭或个人（路径 2）看，援助波动会扭曲转移支付的减贫功能。突然发生负向援助波动，表现为援助资金减少，援助减贫项目必然受到影响，导致受援主体（包括受援家庭、个人等）贫困恶化；相反，如果突然产生正向援助波动，此时可转移支付的援助资金增加，虽然短期受援主体贫困得到改善，不过长期持续增加援助可能会扭曲受援主体行为，例如产生依赖心理、变得懒惰、刺激不良消费、援助资金浪费、援助腐败等，因此可能会对受援国减贫适得其反，会导致受援主体陷入贫困陷阱中。

总之，与国际贸易、国际投资和国际金融一道，国际援助可作为受援国实现减贫的外部手段，而依援助而生的援助波动对受援国减贫影响更居于次要角色，不过从理论上看往往会抑制援助减贫效果。

5.2 援助及援助波动与减贫间理论联系

前文只是区分了援助与援助波动相对于其他因素在减贫中的角色，然而要全面把握援助波动与减贫的理论关系还远远不够，因此本节尝试更具体地探讨国际援助及援助波动与减贫的理论联系。

5.2.1 援助与减贫的理论联系[①]

通过对以往文献和援助实践的梳理和总结，可以归纳出援助与减贫之间存在着重要的理论联系。这些联系主要有以下三个方面。

[①] 该部分内容基于熊青龙所著《官方发展援助的减贫效果研究》（江西人民出版社，2017 年）整理而得。

（1）援助在资本积累中的作用及其对贫困影响的局限性

援助的早期理论强调其在促进资本积累中的作用，认为这将有助于减少贫困。这种观点在发展经济学的早期影响下形成，当时普遍认为投资是经济增长的核心驱动力。因此，援助被看作是一种手段，通过提供资金支持来填补贫穷国家的资本、外汇和财政缺口，进而推动经济增长。人们期望这种增长能够通过所谓的"涓滴效应"最终惠及贫困人口。支持这一理论的包括凯恩斯的乘数效应理论、哈罗德—多马增长模型、缺口理论以及大推进理论（Rosenstein Rodan，1943）。然而，经过半个世纪的实践检验，发现援助并未如预期那样通过促进经济增长来有效减少贫困。

实际上，早期的援助减贫理论存在一些缺陷，主要包括两点。

第一，尽管援助有助于特定资本的积累，但这并不自动转化为经济增长。资本积累，包括对交通、能源、工业设施、通信、技术教育、教育和医疗等领域的投资，对于生产性、人力和技术资本的增长至关重要。然而，现代经济学观点认为，经济的增长不仅依赖于资本积累，还需要一个健全的政治经济环境，包括稳定的政治局势、完善的法律体系、有效的治理结构、积极的文化氛围和健全的市场机制。对许多发展中经济体来说，通过外部援助获得的"硬"资本相对容易实现，而建立一个"软"环境则需要国内的努力和改革。此外，还存在一些可能破坏经济增长的外部因素，如政治不稳定、自然灾害和疾病流行。因此，即使外部援助有助于资本积累，也不一定能够推动受援助国家的经济增长。

第二，即便援助有助于经济增长，这种增长也未必能自动惠及贫困人口。早期的观点认为，经济增长会通过其渗透效应，为贫困人口提供更多的发展机会和就业岗位，从而帮助他们摆脱贫困。但实际情况远比这复杂，经济增长与减贫之间的关系并非直接和必然。经济增长的效果还受到公平性、收入分配、物价等多重社会经济因素的影响。大量研究显示，经济增长并不总能自动使贫困人口受益。有时，经济产出的增加可能仅被少数富人所享有，而未能在社会各阶层中公平分配。

因此，要使援助通过资本积累促进经济增长，并最终减少贫困，需要满足一些关键条件。首先，应根据各国的具体情况，深入分析其贫困成因，并有针对性地提供援助，以充分利用援助在促进"硬性"资本积累方面的优势。其次，需要推动包容性增长，确保经济增长的成果能够公平地惠及所有社会成员，特别是贫困人口。这样的增长模式才能真正实现减贫的目标，而不仅是在数字上显示经济增长。

（2）援助在短期内可实现直接减贫，但长期减贫效果需依赖于经济的持续增长

贫困经济学将贫困定义为多维度问题，包括收入不足、能力受限以及社会排斥等方面。援助的减贫目标在于提升贫困人口的福利水平，涵盖健康、教育、疾病预防、住房条件、安全饮水和权利保障等。援助可以直接提升这些福利指标，实现减贫。

短期内，援助可以通过社会救助直接改善贫困人口的生活条件，即使不通过经济增长也能实现减贫。援助提供的补贴和物资可以直接提升福利水平，缓解贫困。此外，援助还能在能力提升和权利保障方面发挥作用，减少歧视，增加就业机会，改善居住和营养状况，降低婴儿死亡率，提高教育水平，改善医疗条件，从而促进社会的整体发展，为经济增长创造条件。

然而，从长远来看，持续的经济增长是实现长期减贫的关键。尽管援助可以直接提升贫困人口的福利和权利，但这种减贫方式属于外生的，不能自动转化为受援国的内在增长动力。一旦援助减少或中断，或受援国遭受外部冲击，可能会导致返贫。因此，要实现长期减贫，必须依靠受援国自身的经济增长。援助应作为催化剂，激发受援国的内在发展潜力，实现自我驱动的经济增长，从而根本上解决贫困问题。总之，援助在短期内可以提供直接帮助，但长期减贫还需依赖于受援国经济的稳定和持续增长。

（3）客观存在的援助减贫的负面效应

援助在执行过程中，对减贫也会产生一些负面效应。例如，援助所附加

的条件、腐败、援助依赖症、偏向性增长等，这些因素往往不利于受援方的减贫。

首先，援助方在提供援助时可能会附加一些基于自身利益考虑的经济和政治条件，如项目采购、市场准入、外汇使用和结构改革等。这些条件有时可能对受援国的企业或产业造成不公平的竞争环境，或迫使受援国实施对其不利的改革方案，从而可能损害受援国的经济，影响减贫效果。

其次，援助过程中可能出现的腐败行为，如挪用、私占、寻租和贪污等，会阻碍减贫进程。腐败不仅导致援助资金不能有效用于发展和减贫，还可能加剧社会不公，特别是对底层穷人的伤害。有研究表明，在腐败程度更高的国家，随着援助规模的增大，该国的不平等加剧，而在低腐败国家不平等比较稳定（Chong et al.，2009）。

再次，长期的大量援助可能导致受援国产生依赖性，这种依赖性可能削弱受援国的自主发展动力，影响公共部门的质量和效率，助长寻租和腐败行为，减弱改革压力。对家庭而言，援助依赖可能导致工作积极性降低，陷入对福利增加的持续要求。减贫根本的动力应该是依靠穷人自己，只有形成勤奋向上的社会氛围，减贫才能从根本上解决。

最后，援助可能导致的偏向性增长，如资源过度集中在某些部门，可能提高其他部门的生产成本，阻碍这些部门的发展，从而对减贫产生负面影响。援助还可能导致受援国实际汇率上升，不利于贸易出口和贸易部门的增长，影响经济增长（Rajan & Subramanian，2005，2009）。同时，援助可能带来的公共基础设施投资的好处可能以收入分配的恶化为代价，主要惠及城市家庭，而农村地区家庭的福利可能恶化（Adam et al.，2006）。

5.2.2 援助波动与减贫的理论联系

虽然援助波动依援助而生，但是援助波动对受援国减贫的影响并不完全等同于援助本身。因此，该小节着重分析援助波动与受援国减贫的关系。同样，基于对以往文献和援助实践的梳理和总结，并进行相应的理论分析，可以归纳出援助波动与受援国减贫之间存在着重要的理论联系。

（1）援助波动主要通过扭曲受援主体部分行为而导致援助减贫效果下降

援助资金无论最终投入受援国政府、企业还是家庭（个人），其波动必然扭曲受援主体部分行为，这些扭曲的行为会破坏援助效率，不利于受援国经济增长和减贫。

第一，援助波动会扭曲受援国政府行为，从而影响受援国经济增长，进而不利于受援国减贫。首先，援助波动会扭曲受援国的财政计划进而影响经济增长。受援国政府根据接收到的实际援助资金波动情况相应减少或增加财政支出预算，财政计划的突然改变往往会削弱财政资金使用效率，进而影响经济增长，导致受援国减贫效果下降。其次，援助波动会鼓励受援国的财政不自律，不自律的财政行为会损害经济，从而不利于受援国经济增长，进而影响减贫效果。最后，不稳定的援助也会导致就业市场的波动以及政府预算和资源分配政策的扭曲，进而导致福利损失（Markandya et al.，2011）。

第二，援助波动会扭曲受援国企业行为，从而降低企业效率，不利于受援国减贫。为促进受援国企业发展，各援助国提供各种援助或优惠条件，例如，厂房援建、优惠关税、优惠贷款、技术转移、人才培训等，这些援助项目的受援主体往往是企业。一旦负向援助波动发生，受援企业本身脆弱的经营能力会遭到进一步打击，导致经营效率下降，从而不利于受援国经济增长和减贫。即便是正向的援助波动发生，虽然短期对受援企业发展有利，而长期不断增加援助投入很容易使受援企业产生严重的依赖性，受援企业逐渐失去市场竞争力，导致企业经营能力下降，长此以往不利于受援国经济增长和持久减贫。

第三，援助波动会扭曲家庭（个人）行为，降低援助减贫效果。部分援助资金会直接用于帮助受援家庭，以帮助家庭摆脱贫困。这些项目一旦发生波动，对贫穷的家庭会产生巨大的影响。负向的援助波动往往导致受援国家庭（个人）食品支出、疾病医治、教育等带来实质负面影响，受援家庭得不到足够的食品、患病无钱医治、无钱就学，基本的生活受到严重影响，甚至陷入更深的贫困境况,从而直接导致受援家庭或个人贫困状况恶化。正向援助波动虽然短期会改善受援家庭的生活条件,改善贫困状况,但长期看受援家庭会产生援助依赖,甚至挪用援助资源用于不合理的消费,助长懒惰思想,长期会扭曲家庭或个人的劳动观和消费观,从而不利于将外部援助力量转换为内部发展力量,不利于长效减贫与发展。

(2)援助波动是影响受援国减贫的不利因素,但影响程度有限

第一,援助波动会弱化援助减贫效果,从而成为影响受援国减贫的一个不利因素。援助波动带来的冲击会扭曲受援主体(受援国政府、企业、家庭与个人)的部分正常行为,从长期看会产生不良影响,导致援助的减贫效果下降。帮助受援国减贫是国际援助的主要目标之一,在其他条件不变的情况下,无论是正向的援助波动还是负向的援助波动,援助波动越大所带来的负面影响越大,从而对援助减贫效果的影响越大,导致援助减贫效果下降。从援助减贫的角度看,稳定的、可预测的援助,比不稳定的、不可预测的援助要好。总之,援助波动是影响受援国减贫的一个负面因素。

第二,援助波动对受援国贫困影响程度有限。影响受援国减贫的因素众多,包括贫困惯性、受援国经济发展水平、制度质量等。援助波动依援助而生,没有援助就没有援助波动,因此从绝对规模看援助波动幅度一般不会超过援助规模,因此援助波动对受援国减贫的冲击影响一般会小于援助本身。此外,受援国内部因素才是本国实现减贫的主要力量,而外部只能起到辅助作用,作为因外部援助而生的援助波动对受援国减贫影响是有限的。

(3)援助波动对受援国减贫影响的复杂性

第一,正向援助波动与负向援助波动对受援国减贫的影响并不完全一致。正向援助波动意味着资金的增加,负向援助波动意味着援助资金的下降。从短期看资金的增加会好于资金的减少,因此短期看正向援助波动对减贫可能是有益的,而负向援助波动对减贫是有害的。但如果从长期看,由于正向援助波动会对受援主体产生行为扭曲激励,如果扭曲行为得不到纠正,

从长期角度看即便正向援助波动也会危害受援国减贫；而对于脆弱的受援国，如果长期处于负向援助波动，自身发展资金缺乏，没有足够资金用于本国减贫，显然这类负向援助波动从长期看更是不利于减贫的。

第二，完全正确预测援助波动难度很大，没有预测到的援助波动会放大其对减贫的负面影响。由于引发援助波动的原因众多，要完全预判这些援助波动很难。由于援助的低可预测性不可避免地会干扰受援国政府的消费和投资计划，扰乱经济部门（Celasun & Walliser，2008）。没有预测到的援助波动会加剧受援主体的行为扭曲，放大负面效应，对援助减贫效果的破坏性更大。

第三，有时援助波动并不一定有危害，甚至带来部分积极作用。援助波动虽然有很多负面影响，但有部分研究认为援助波动也存在积极的一面，认为援助流量的波动不一定是有害的（Bulir et al.，2008）。有的研究认为随着时间的推移，通过重新分配援助资金，受援者可以平滑经济波动，减少援助波动带来的福利损失（Pallage et al.，2006）。从长期来看，即使是负波动也可能刺激政府的政策改革（Hudson & Mosley，2008b）。不过应该指出的是，虽然援助波动存在积极一面，但援助波动的负面影响还是主流，因此减少援助波动的负面影响还是必要的。

5.3　援助波动影响减贫的数理分析

本章前两节分析了援助及援助波动在反贫困的具体角色，从理论上分析援助及援助波动与受援国贫困的关系。为了在经济系统中更加深入地观察援助与援助波动对受援国贫困影响的传导机制，下面尝试从模型经济角度进行深入分析。

5.3.1　援助及援助波动影响减贫的部门传导路径

前文图 5 - 1 简单分析了援助及援助波动在受援国减贫中的具体角色，其中并没有涉及具体的受援助部门，为使数理分析更有逻辑性，有必要简单分析援助及援助波动影响受援国减贫的部门传导路径。

一般而言，受援方接受援助主要涉及家庭（个人）、企业和政府部门。要观察援助波动对受援国减贫的影响，可从这三个部门展开分析。

根据现有国际发展援助实践看，援助与援助波动主要通过以下部门路径影响受援国的减贫：首先，对家庭（个人）直接进行社会救助的路径。该机制下援助资金直接资助受援国家庭，用于缓解贫困家庭生活窘境，改善受援国贫困家庭的基本生活条件，提高受教育水平和改善健康状况，从而减少能力（或人类）贫困的发生。一旦援助资金不稳定，当然会通过该路径直接影响受援国家庭（个人）的贫困状况。其次，通过影响企业生产效率的经济增长路径。该机制下发展援助主要通过增加资本、技术援助等方式影响受援国企业生产效率，对普遍缺乏资本和技术落后的受援国而言，该援助模式会刺激该受援国经济增长，进而会增加家庭（个人）收入，从而减少家庭的经济贫困，进而帮助受援国实现减贫。由于援助波动的次生性质，因此援助波动也会通过该路径影响援助减贫效果。最后，政府中介路径。该受援国政府接受援助（或者债务减免）后，导致政府财力增加，受援国政府有能力增加财政支出（或政府采购），财政支出的增加意味着受援国政府有更多的资源投入贫困家庭或建设基础设施，从而能帮助家庭减少贫困。而如果提供给受援国政府的援助资金不稳定，会扭曲政府行为，从而影响援助减贫效果。

总之，援助与援助波动可以通过受援国的家庭（个人）、企业、政府部门影响受援国贫困，可将其总结如图 5-2 所示。

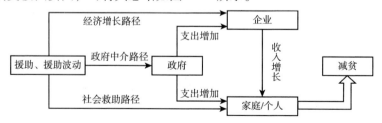

图 5-2　援助与援助波动影响减贫的部门路径

资料来源：笔者绘制。

5.3.2　模型经济的构建

基于接受援助涉及的主要部门，同时考虑模型简洁，假设援助资金受援部门主要是家庭（个人）、企业和政府。假设 t 期受援国接受来自援助国的援助规模为 Aid_t，t 期接受的援助等于期初的援助加上本期的援助波动程度，即 $Aid_t = Aid_0 + Aidvol_t$，其中 Aid_0 表示期初的援助水平，$Aidvol_t$ 表示 t 期援助波动程度，不考虑特殊情况一般援助额 Aid_t 不为负，因此一般 $Aid_0 > Aidvol_t$。援助资金分配给受援国家庭、企业和政府的份额分别为 f_h、f_e 和 f_g，其值均大于 0。

（1）家庭

参照 RCK（Ramsey-Cass-Koopmans）模型，假设家庭符合同质性假定，家庭成员的瞬时对数线性效用函数为：

$$u_t(\,\cdot\,) = (1 - b)\ln C_t + b\ln(1 - L_t), \qquad b > 0 \qquad (5-1)$$

式（5-1）中，u_t 表示 t 时期的效用，C_t 表示受援国家庭成员在 t 时期的消费，L_t 表示受援国家庭成员在 t 时期的劳动时间，$1 - L_t$ 表示受援国家庭成员在 t 时期的休闲时间（每日工作时间单位化为 1），$1 - b$ 和 b 分别表示受援国家庭成员对消费和休闲的偏好权重。如果 t 时期受援国家庭成员的 C_t 和 $1 - L_t$ 都增加，意味着家庭成员的消费和休闲都同时增加，则家庭成员生活水平改善、身体更加健康，家庭贫困下降，受援国减贫效果显现。受援国家庭面临的预算约束条件为：

$$(1 + \tau^c)C_t + S_{t+1} = W_t L_t + (1 + r_t)S_t + f_h Aid_t \qquad (5-2)$$

式（5-2）中，τ^c 表示消费税率，W_t 表示 t 时期的工资水平，r_t 表示 t 时期的储蓄利率，S_{t+1}、S_t 分别表示 t+1 期、t 期的储蓄，f_h 表示家庭收到的援助份额，Aid_t 为 t 时期的援助水平。

假设 t 时期受援国人口总数为 P_t，家庭总数为 H_t，因此单个家庭成员人数可用 P_t/H_t 表示。P_0 表示受援国初始人口规模，人口增长速度为 n，则 $P_t = P_0 (1 + n)^t$，β 为效用贴现率。因此家庭在式（5 – 4）的预算约束下，最大化期望效用的表达式为：

$$U = \max_{\{c_t, L_t, S_{t+1}\}} E\left\{ \sum_{t=0}^{\infty} \beta \left[(1 - b)\ln C_t + b\ln(1 - L_t) \right] \frac{P_0(1 + n)^t}{H_t} \right\}$$

$$(5 - 3)$$

$$st: (1 + \tau^c)C_t + S_{t+1} = W_t L_t + (1 + r_t)S_t + f_h(Aid_0 + Aidvol_t) \quad (5 - 4)$$

且满足非蓬奇（Non-Pozzi）条件：$\lim_t \left[S_{t+1} / \prod_{a=0}^{t} (1 + r_a) \right] \geqslant 0$，且 $S_0 > 0$，一阶条件可得到两个欧拉方程：

$$\frac{C_t}{1 - L_t} = \frac{1 - b}{b} \frac{W_t}{1 + \tau^c} \quad (5 - 5)$$

$$C_t = \frac{1}{\beta(1 + n)} E_t \left(\frac{C_{t+1}}{1 + r_{t+1}} \right) \quad (5 - 6)$$

（2）企业

假设受援国企业没有差异，处于完全竞争市场，生产要素是资本、劳动和技术，分别用 K、L 和 Tech 表示，产出函数 $Y_t = f(K_t, L_t, Tech_t)$，其中下标 t 表示 t 时期。$\pi_t$ 表示企业在 t 时期的利润，假设企业生产函数为经典的柯布—道格拉斯（C – D）形式，既 $Y_t = Tech_t K_t^{\alpha} L_t^{\varphi}$（$\alpha > 0, \varphi > 0$），用 δ 表示资本折旧率，企业将技术视为外生给定，那么企业每期选择资本、劳动力投入使利润最大化，其目标函数为：

$$\max_{\{K_t, L_t\}} \pi_t = Tech_t K_t^{\alpha} L_t^{\varphi} - (r_t + \delta)K_t - W_t L_t \quad (5 - 7)$$

企业处于完全竞争市场，长期利润为零，援助发生前企业资本 K_t 等于家庭储蓄 S_t，受援国接受援助后，企业资本扩大至 $S_t + f_e(Aid_0 + Aidvol_t)$，其中 $f_e(Aid_0 + Aidvol_t)$ 表示受援国企业获得的援助额，受援国企业的利润最大化的一阶条件为：

$$r_t = \alpha \mathrm{Tech}_t K_t^{\alpha-1} L_t^{\varphi} - \delta \tag{5-8}$$

$$W_t = \varphi \mathrm{Tech}_t K_t^{\alpha} L_t^{\varphi-1} \tag{5-9}$$

（3）政府

受援国政府目标是将掌握的资源收入进行合理分配，并最大化家庭福利和企业利润。政府资源收入来自税收和援助，为简化问题假设只对消费征收，实行比例税率。受援国政府支出用 G_t 表示，政府将接受的援助额按照一定比例分配给企业、家庭和政府自己，假设政府将接受的部分援助额（$f_g \mathrm{Aid}_t$）用于自身政府消费，则政府面临的预算约束为：

$$G_t = \tau^c C_t + f_g \mathrm{Aid}_t = \tau^c C_t + f_g (\mathrm{Aid}_0 + \mathrm{Aidvol}_t) \tag{5-10}$$

援助波动对于受援国而言是一个未知事件，类似一个随机过程，设获得一个正向波动的概率为 P，获得负向波动的概率为 1 − P，那么 t 时期受援国获得援助可以表示为：

$$\mathrm{Aid}_t = P\mathrm{Aid}_t + (1-P)\mathrm{Aid}_t = P(\mathrm{Aid}_0 + \mathrm{Aidvol}_t) + (1-P)(\mathrm{Aid}_0 - \mathrm{Aidvol}_t)$$
$$\tag{5-11}$$

根据式（5-1）~式（5-11）的经济系统可得到市场均衡条件。由瓦尔拉斯定理可知，如果商品市场和资本市场均衡，则劳动市场也一定达到均衡，此时商品市场和资本市场的均衡条件为：

$$C_t + S_{t+1} + G_t = \mathrm{Tech}_t K_t^{\alpha} L_t^{\varphi} + (1-\delta) K_t + (f_h + f_g) \mathrm{Aid}_t \tag{5-12}$$

$$K_t = S_t + f_e \mathrm{Aid}_t \tag{5-13}$$

5.3.3 模型经济分析

如果对模型经济求解，应该满足一阶条件、资源约束条件和横截性条件，因此必须求解式（5-5）、式（5-6）、式（5-8）、式（5-9）、式（5-11）、式（5-12）和式（5-13），但是一般无解析解。不过，可以根据模型经济系统考察援助与援助波动对受援国减贫影响。

（1）援助投入企业带来的减贫影响

当经济系统处于均衡状态时，受援国资本来自自身储蓄和国外援助，由式（5－13）可知：

$$\frac{\partial K_t}{\partial (\text{Aid}_t)} = f_e > 0 \qquad (5-14)$$

如果援助波动属于随机事件，由式（5－13）和式（5－11）可知：

$$\frac{\partial K_t}{\partial (\text{Aidvol}_t)} = \frac{\partial K_t}{\partial (\text{Aid}_t)} \frac{\partial (\text{Aid}_t)}{\partial (\text{Aidvol}_t)} = f_e (2P - 1) \qquad (5-15)$$

式（5－14）意味着，当援助增加时会导致受援国资本 K_t 增加，援助减少时资本 K_t 减少。式（5－15）可知，当 P > 0.5 时：

$$\frac{\partial K_t}{\partial (\text{Aidvol}_t)} > 0 \qquad (5-16)$$

当 P < 0.5 时：

$$\frac{\partial K_t}{\partial (\text{Aidvol}_t)} < 0 \qquad (5-17)$$

式（5－16）、式（5－17）说明资本 K_t 随援助波动的变化依随机概率 P 而定，显然此时援助波动对受援国资本影响是不确定的。

如果受援国能够确切观察到援助是正向波动还是负向波动，则概率 P 和 1－P 为已知。如果确定为正向波动，可知 P = 1，由式（5－13）和式（5－11）可知：$\frac{\partial K_t}{\partial (\text{Aidvol}_t)} = f_e > 0$；如果，确定为负向波动，那么，正向援助波动发生的概率 P = 0，则 $\frac{\partial K_t}{\partial (\text{Aidvol}_t)} = -f_e < 0$；因此当正向波动发生时，受援国资本增加；负向波动发生时，受援国资本减少。

一般而言援助规模会大于援助波动幅度，既满足 $\text{Aid}_0 > \text{Aidvol}_t$，因此无论是正向波动还是负向波动，援助都会提升受援国的资本水平 K_t，只不过正向波动会在原来基础上会进一步提高资本水平，而负向波动会降低原来的资本增幅。

自然，资本改变会影响产出和工资水平，进而影响家庭消费，进而影响减贫。为观察这一传导机制，由式（5-5）、式（5-9）和式（5-13）可得：

$$C_t = \frac{1-b}{b} \frac{\varphi}{1+\tau^c} (1-L_t) \text{Tech}_t (S_t + f_e \text{Aid}_t)^\alpha L_t^{\varphi-1} \qquad (5-18)$$

由式（5-18）可知：

$$\frac{\partial C_t}{\partial(\text{Aid}_t)} = \frac{1-b}{b} \frac{\varphi(1-L_t)}{1+\tau^c} \alpha f_e \text{Tech}_t (S_t + f_e \text{Aid}_t)^{\alpha-1} L_t^{\varphi-1} \qquad (5-19)$$

由于式（5-19）中，其他各项都大于零，显然 $\dfrac{\partial C_t}{\partial(\text{Aid}_t)} > 0$，则说明家庭消费水平随着援助规模增加而上升，从而会改善家庭贫困状况。

进一步，考虑家庭消费受援助波动影响情况，由式（5-11）和式（5-19）可知：

$$\frac{\partial C_t}{\partial(\text{Aidvol}_t)} = \frac{\partial C_t}{\partial(\text{Aid}_t)} \frac{\partial(\text{Aid}_t)}{\partial(\text{Aidvol}_t)} = \frac{\partial C_t}{\partial(\text{Aid}_t)}(2p-1) \qquad (5-20)$$

从式（5-20）可知，此时家庭消费随援助波动的变化要视概率 P 的大小而定，如果 P > 0.5，则两变量呈现同方向变化，即援助金额增加会增加家庭消费，援助金额减少会降低家庭消费；如果 P < 0.5，则两变量呈现反方向变化。

如果援助波动不能被企业完美预测到，例如援助波动方向难以确定，此时 P 大小不能确定，由式（5-15）和式（5-20）可知，企业资本（K_t）随援助波动（Aidvol_t）的变化难以确定，最终导致家庭最优消费难以确定，即受援国难以达到最优的资本和消费水平，从而减贫效率会下降。

（2）援助直接投入家庭带来的减贫影响

根据式（5-4）可知，如果受援国家庭直接接受援助后，其预算将增加

为 f_h（$Aid_0 + Aidvol_t$）部分，总体看比没有援助时家庭可以增加消费和休闲资源增加。如果援助发生后，在 t 期存在一个正向的援助波动，那么家庭消费和休闲进一步增加；如果 t 期发生负向的援助波动，那么家庭在原来稳态水平上将削减部分消费和休闲。家庭消费自然包括衣、食、住、行、卫生、健康等各个方面，从而改变家庭贫困状况。休闲本身会影响家庭成员身体健康，因此也会影响到儿童健康、妇女健康、疾病传播，从而影响贫困水平。

然而，援助波动往往很难被家庭完美预见，例如，当不能准确知道是正向援助波动还是负向援助波动时，根据式（5-20）可知，家庭消费随援助波动的变化方向依概率 P 而定，此时家庭很难作出最优的消费决策，从而不利于家庭减贫；进一步结合式（5-5）和式（5-6）可知，由于援助波动的难以预测，家庭很难确定最优的当期和跨期消费水平，因此可能会对家庭减贫形成跨期的不利影响。

（3）援助投入政府带来的减贫影响

由式（5-10）可知，接受援助后，受援国政府可支配收入增加，如果政府支出和接受援助前相比保持不变，则政府可降低消费税率 τ^c，消费税下降会增加家庭消费，则有利于改善家庭贫困。如果确定发生正向援助波动，则进一步降低消费税率，更有利于改善家庭贫困；如果确定发生负向援助波动，则援助波动不利于改善家庭贫困。

由于政府支出往往采取预算制度，受援国政府支出需要事先根据将来的受援规模来制定。不过，政府也不能完美预测援助波动，例如政府不能确定正向援助波动还是负向援助波动，根据式（5-10）、式（5-11）和式（5-20）可知，政府支出随援助波动变化的表达式为：

$$\frac{\partial(G_t)}{\partial(Aidvol_t)} = \tau^c \frac{\partial C_t}{\partial(Aidvol_t)} + f_g(2P - 1) \qquad (5-21)$$

由于 P 值不能确定，显然政府支出很难达到社会最优支出水平，必然影响受援国的家庭福利或减贫效果。

另外，政府是否理性（或无私）也会影响援助减贫效果。当外来援助规模给定，援助资金一般由受援国政府在政府自身、家庭和企业之间进行分配，既确定 f_g、f_h 和 f_e。显然，如果是理性政府，接受援助之后，受援国政府将援助资源在不同部门科学分配，与没有援助比家庭效用增加，家庭贫困得到缓解。不过，现实中政府的行为不是完全理性的，此时政府对援助资金的分配并不是最合理的，发生援助波动后，政府的行为可能更加扭曲，因而会影响援助的减贫效果。

（4）模型经济系统的启示

通过构建一个三部门的动态随机一般均衡模型，引入正向援助波动（假设其发生概率为 P）与负向援助波动（假设其发生概率为 1 – P），刻画了援助及援助波动对受援国贫困的影响机制。通过对模型经济系统的分析，发现援助与援助波动至少可通过以下几种传导路径影响受援国贫困。

第一，援助投入企业带来的减贫影响：①援助如果投入企业，会通过"援助（援助波动）→资本（产出）→工资水平→家庭收入→家庭消费→家庭贫困"的路径间接影响家庭减贫。如果援助波动被完美预测，正向援助波动会有利于减贫，而负向的援助波动不利于减贫。②如果援助波动不能被企业完美预测到，无论实际是正向援助波动还是负向援助波动，受援国难以达到最优的资本和消费水平，从而减贫效率会下降。

第二，援助直接投入家庭带来的减贫影响：①家庭接受援助后，家庭可用资源增加，会有利于家庭减贫。②如果在 t 期存在一个正向援助波动，家庭消费和休闲进一步增加，家庭贫困得到改善；如果 t 期发生负向援助波动，家庭在原来稳态水平上将消减部分消费和休闲，家庭贫困恶化。③一般而言，对于不能完美预期到的援助波动，受援家庭很难确定最优的当期和跨期消费水平，从而对受援国家庭减贫不利。

第三，援助投入政府带来的减贫影响：①接受援助后，受援国政府可支配收入增加，用于家庭减贫资源增加，则有利于改善家庭贫困。②对于援助波动的影响，如果确定发生正向援助波动，则更有利于改善家庭贫困；如果确定发生负向援助波动，则援助波动不利于改善家庭贫困。③由于政府也不能完美预测援助波动，政府支出很难达到社会最优支出水平，必然影响受援国的家庭福利或减贫效果。④政府是否理性（或无私）也会影响援助减贫效果。如果政府的行为不是完全理性的，政府对援助资金的分配并不是最合理的，发生援助波动后，政府的行为可能更加扭曲，因而会恶化援助的减贫效果。

5.4　本章小结

本章首先分析了援助及其波动在影响受援国减贫中扮演的角色，其次分析了援助及其波动与受援国减贫的理论关系，为了观察援助与援助波动对受援国贫困影响的传导机制，最后尝试通过构造数理模型方式深入分析了援助及援助波动对受援国贫困的影响。

5.4.1　援助及援助波动在帮助受援国减贫中的角色

第一，作为诸多帮助受援国减少贫困的手段，国际援助起到辅助作用，它既可以通过作用于受援国内部因素来间接推动减贫，又可以通过直接的国际救助（转移支付）来直接减贫，而后者是国际贸易、国际投资或国际融资所缺乏的。

第二，由于援助波动本质上依援助而产生，因此援助波动在影响受援国贫困中扮演着次生角色，援助波动一般会降低援助减贫效果。

5.4.2　援助及援助波动与减贫间的理论联系

第一，援助有助于资本形成，但不必然实现有利于穷人的经济增长；援助短期可以直接减贫，但长效的减贫依赖于经济持续的增长；援助对减贫的负面效应客观存在。

第二，虽然援助波动依援助而生，但是援助波动对受援国减贫的影响并不等同于援助本身。援助波动是影响受援国减贫的一个不利因素，但影响程度有限。援助波动主要通过扭曲受援主体行为而导致援助减贫效果下降。援助波动对受援国减贫的影响机制是复杂的：一是正向与负向援助波动的影响并不完全一致；二是完全正确预测援助波动难度很大，没有预测到的援助波动会放大其对减贫的负面影响。

5.4.3　援助波动影响减贫的数理分析

第一，通过分析可知，在所构建的模型经济中，援助与援助波动至少可通过以下几种传导路径影响受援国贫困：（1）援助（或援助波动）→资本（产出）→工资水平（W）→家庭收入（WL）→家庭消费（C）→家庭贫困；（2）援助（或援助波动）→家庭消费（C）→家庭贫困；（3）援助（或援助波动）→消费税、援助资金分配→政府财政支出→资本（产出）、家庭消费（C）→家庭贫困。

第二，从理论上看接受援助比不接受援助有更多资源用于资本积累和改善家庭生活，从而有利于减贫。不过，援助波动会不利于发挥出援助的减贫作用，如果援助波动是确定事件，那么短期正向援助波动有利于减贫，而负向波动不利于减贫。如果援助波动是一个随机事件（正向波动与负向波动概率分别为 P、1 − P），则援助波动对减贫的影响依概率 P 大小而存在不同。值得注意的是，受援国很难预测援助波动概率和波动幅度，因此很难提前采取措施对冲援助波动的负面影响，因而即便实际是正向援助波动也可能导致负面的结果。

第三，模型经济的分析对后续研究有一定启示作用，例如：（1）为后续实证中贫困指标选取提供了一定的参考和启迪。虽然援助与援助波动对受援国减贫影响路径的复杂性，但最终援助减贫效果会体现在受援国家庭（个人）层面，因此实证检验中可直接采用反映受援国家庭（个人）总体贫困状况的指标，例如反映受援国人口总体健康贫困的指标（如儿童死亡率、孕产妇死亡率和预期寿命），反映受援国人口总体经济贫困状况的指标（如贫困率、贫困深度和贫困强度）。（2）由于援助波动因援助而生，其对贫困影响的传导路径大致一致，在实证检验援助波动对受援国减贫影响时，有必要将援助本身同时考虑进来。（3）由于理论上正向援助波动与负向援助波动可能存在不同影响，在实证检验中有必要分别检验正向援助波动与负向援助波动的异质性影响。

第6章

援助波动对受援国减贫影响的实证分析

　　虽然从理论上看，援助及其波动会对受援国减贫产生影响，但毕竟缺乏实证证据。本章利用计量经济学和机器学习方法，从实证的角度分析援助波动对受援国减贫的影响。受限于受援国数据可获得性，本章主要从健康贫困和经济贫困的视角实证检验援助波动对受援国减贫的影响。

　　在本章及以后的实证研究中，多处用到了机器学习方法，为此这里对其进行一个简单的解释。机器学习（machine learning，ML），就是让计算机具备从大数据中学习的能力的一系列方法（陈强，2021）。机器学习方法起源于计算机科学的"人工智能"领域。与计量经济学相比，机器学习模型以提升预测准确性为目标，而不是进行"因果推断"，不需要对函数形式作诸多假设，主要采用最优化方法。随着大数据、计算机算力的增强，机器学习方法在诸多领域取得了巨大的成功。

6.1　援助波动对受援国健康贫困
影响的计量实证分析

　　关于援助波动对受援国减贫影响的讨论目前集中于援助波动对受援国经济增长影响，研究结论倾向于认为援助波动对受援国经济增长存在不利影响（Chauvet & Guillaumont，2009；Markandya et al.，2011；Kathavate & Mallik，

2012；Museru et al.，2014；Boateng et al.，2021）。世界银行在其颁布的《1990 年世界发展报告》中指出，贫困不仅指物质的匮乏，而且包括低水平健康等，但直接讨论援助波动对受援国健康贫困的影响还未见公开的文献（在谷歌学术上搜索关键词"foreign aid volatility and health poverty"，在中国知网上搜索关键词"援助波动和健康贫困"，未找到文献），本节重点讨论援助波动对受援国健康贫困的影响。

基于此，本节首先通过 HP 方法[①]测算各受援国援助资金波动状况，并应用动态面板系统 GMM 方法进行实证检验，直接检验援助波动对受援国儿童死亡率、孕产妇死亡率与预期寿命的影响，分析不同类型援助波动影响受援国健康贫困的差异，希望能为国际社会在科学分配援助资金、提高援助减贫效果方面提供有价值的参考依据。

相比以往研究，本节的创新有：首先，在利用 HP 方法测算 1989～2017年 91 个主要受援国援助资金波动基础上，通过动态面板系统 GMM 方法首次估计了援助波动对受援国儿童死亡率、孕产妇死亡率与预期寿命的影响。其次，分别从正—负向援助波动、多边—双边援助波动角度考察了援助波动影响减贫效果的来源，检验了援助波动通过卫生健康支出影响受援国健康贫困的间接作用机制。

6.1.1 模型、变量与数据说明

在能力贫困中，健康是衡量贫困的重要维度，其中儿童死亡率、孕产妇死亡率和预期寿命都是重要的衡量指标。同时，联合国 2030 年可持续发展目标将儿童死亡率、孕产妇死亡率和预期寿命视为重要的发展指标。因此本节选用该三个指标作为衡量受援国健康贫困的指标。实际上受援国经济贫困水平在一定程度上会反映到卫生健康指标上，一般经济贫困程度高的国家其儿童死亡率与孕产妇死亡率较高、预期寿命较短，即经济贫困程度高往往健

---

① 使用 HP 方法进行滤波的处理方法与第 3 章相同，后文的 HP 滤波部分也采取同样的方法。

康贫困程度也高。所以，被解释变量为儿童死亡率、孕产妇死亡率和预期寿命。

核心解释变量为援助波动，由于援助波动因援助资金流不稳定而生，因此援助也作为重要的解释变量纳入模型。诸多研究表明贫困具有很强的持久性，认为贫困状况会受过去贫困水平的影响，因此在模型中将滞后一期的贫困也纳入解释变量；由于援助与援助波动会影响贫困，因此直接进入模型。受援国贫困还受其他因素影响，因此将他们作为控制变量引入模型。考虑到不同国家、不同年份存在不可观测的异质性影响，因此将国家个体差异、时间差异加入模型。参考相关文献（Alvi & Senbeta，2012；Chong et al.，2009）的研究成果，计量模型设置如下：

$$P_{it} = \beta_0 + \beta_1 P_{i,t-1} + \beta_2 \text{Aid}_{it} + \beta_3 \text{Aidvol}_{it} + X'_{it}\theta + \nu_i + \mu_t + \varepsilon_{it} \quad (6-1)$$

式（6-1）中，P_{it} 代表 i 国家 t 期的贫困水平，$P_{i,t-1}$ 代表 i 国家 $t-1$ 期的贫困水平，具体而言健康贫困水平分别用儿童死亡率、孕产妇死亡率和预期寿命来衡量。Aid_{it} 表示 i 国家 t 期所接受的援助，为受援国接受援助额占本国 GDP 比重。Aidvol_{it} 表示 i 国家 t 期所接受援助的波动水平。ν_i 是随国家个体变化的不可观察因素，μ_t 是随时间变化的不可观察因素，ε_{it} 是随机误差项。β_2 与 β_3 分别表示援助与援助波动对健康贫困的影响参数。

式（6-1）中的 X'_{it} 是一些影响贫困的控制变量，θ 表示控制变量对贫困的影响系数。研究表明经济发展水平、对外开放度、国内信贷水平、人口结构、社会制度质量、社会公平、民主化程度等都会影响受援国贫困（Alvi & Senbeta，2012；Chong et al.，2009；Mahembe & Odhiambo，2021）。结合已有研究成果和数据可获得性，将经济发展水平、贸易开放度、物价通胀水平、人口结构和社会制度质量 5 个变量作为控制变量。具体而言，用受援国人均 GDP 指标衡量受援国经济发展水平，用对外贸易开放度衡量社会对外开放程度，用通货膨胀率衡量当地物价水平变化情况，将当地老年人抚养比例作为衡量当地人口年龄结构的变量，用社会清廉指数衡量社会制度质量。

为了检验援助及其波动对受援国减贫的影响，本书收集了 1989～2017 年①全部受援国数据，由于部分受援国数据缺失较多，后匹配成 91 个国家的面板数据。

其中援助波动用 HP 滤波方法从援助数据中得到，该方法可以用来提取援助流的趋势和周期成分，用去除趋势后的周期成分作为援助波动。首先运用 HP 滤波方法测算了 1989 年至 2017 年 91 个国家接受援助资金的波动情况，现仅将撒哈拉以南 43 个非洲国家援助波动情况列于图 6 - 1 至图 6 - 6。根据测算可知各受援国所接受的援助波动情况普遍存在。变量说明与数据来源如表 6 - 1 所示。

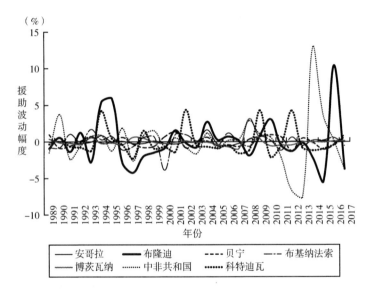

图 6 - 1 1989～2017 年安哥拉等国家接受援助资金波动情况

注：援助波动幅度按接受援助额占本国 GDP 比重计算，经 HP 滤波得到（图 6 - 1 至图 6 - 6 相同处理）。

资料来源：笔者采用计量软件计算而得。

① 本书在做这一部分研究时所收集的数据已是最新。

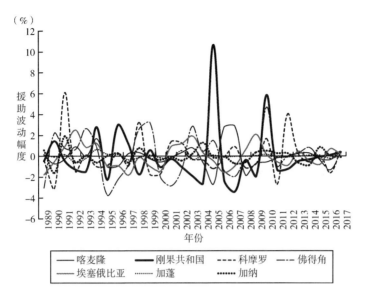

图 6 - 2　1989～2017 年喀麦隆等国家接受援助资金波动情况

资料来源：笔者采用计量软件计算而得。

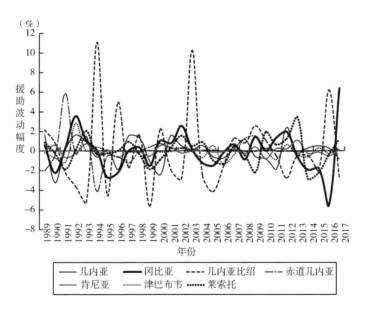

图 6 - 3　1989～2017 年几内亚等国家接受援助资金波动情况

资料来源：笔者采用计量软件计算而得。

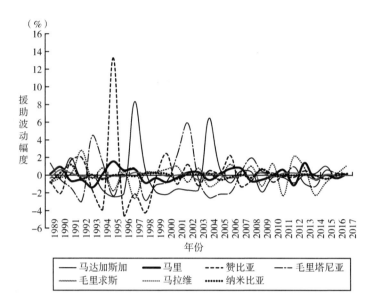

图 6 - 4　1989 ~ 2017 年马达加斯加等国家接受援助资金波动情况

资料来源：笔者采用计量软件计算而得。

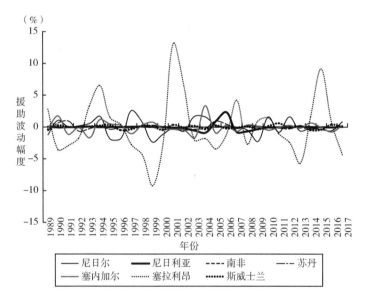

图 6 - 5　1989 ~ 2017 年尼日尔等国家接受援助资金波动情况

资料来源：笔者采用计量软件计算而得。

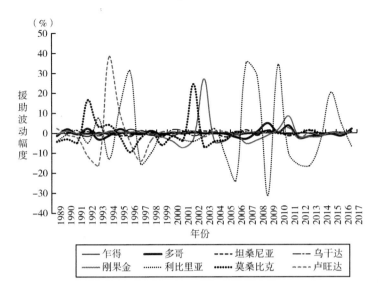

图 6 - 6　1989～2017 年乍得等国家接受援助资金波动情况

资料来源：笔者采用计量软件计算而得。

表 6 - 1　　　　　　　　　　　　　变量说明及数据来源

变量	变量说明	数据来源
儿童死亡率（child mortality rate）	五岁以下儿童死亡率（每千例活产儿）	世界银行
孕产妇死亡率（maternal mortality rate）	孕产妇死亡率（每 10 万例活产中所占比例）	世界银行
预期寿命（life expectancy）	出生时的预期寿命，总体（岁）	世界银行
援助（aid）	受援国接受援助额占受援国 GDP 比重*（%）	OECD
援助波动（aidvol）	作者根据 HP 滤波后计算得到	作者计算
人均 GDP（GDP per capita）	人均 GDP（2010 年不变价美元）	世界银行
贸易开放度（openness）	每年进出口总额占 GDP 的百分比（%）	世界银行
通胀水平（inflation）	每年用消费者价格指数衡量的通胀水平（%）	世界银行
老年（抚养）比（age_dependency ratio）	65 岁及以上老年人与工作人口的比重（%）	世界银行
清廉指数（corruption perceptions index）	分值从 0 至 10 分，分值越高，表明其腐败程度越低，10 分表明一个完全没有腐败的国家	透明国际（transparency international）

注：* 如果采用"受援国接受援助额占受援国 GNI 比重"指标，则缺失数据较多，于是实证采用该指标。

资料来源：笔者采用计量软件计算而得。

6.1.2　基础回归结果

由于贫困具有较强的惯性，贫困会受过去贫困水平的影响，所设定的模型属于动态面板模型，为降低估计偏误，本节采用两阶段系统 GMM 方法，使用稳健性标准误差进行估计。表 6-2 是由全部样本得到的基础回归结果，其中模型③、模型⑥和模型⑨的计算结果是重点关注部分。从模型③结果可知，援助会减少受援国儿童死亡率，援助波动会增加儿童死亡率；从模型⑥结果可知，援助会减少孕产妇死亡率，援助波动会增加孕产妇死亡率；从模型⑨的结果可知，援助会增加预期寿命，而援助波动会减低预期寿命。综合型③、模型⑥和模型⑨的计算结果可知，援助会降低受援国儿童死亡率和孕产妇死亡率，会增加受援国预期寿命，且统计上都显著；同时发现，援助波动会显著增加受援国儿童死亡率、孕产妇死亡率，援助波动会显著降低受援国预期寿命。即从基础模型看，援助本身会降低受援国健康贫困，而援助波动会恶化受援国健康贫困。

综合基础回归可知，援助及援助波动对受援国健康贫困的影响方向相反，这一结果也符合预期。援助本身是帮助受援国减贫，因此援助有助于降低受援国健康贫困。然而一旦援助资金不稳定，会扭曲减贫效果，从而导致贫困指标恶化，表现为援助波动会恶化受援国健康贫困。

此外发现，贫困受前期贫困水平的影响较显著，综合这三个健康贫困指标看，过去的健康贫困情况会影响下一期的健康贫困状况，印证了贫困确实存在较大惯性的已有研究结论。回归发现，经济发展水平的提高会减少孕产妇死亡率、增加预期寿命，但对儿童死亡率没有显著影响。贸易开放度提升会显著降低孕产妇死亡率，但对儿童死亡率和预期寿命没有显著影响。通胀水平对儿童死亡率、孕产妇死亡率和预期寿命都没有显著影响。老年抚养比对儿童死亡率、孕产妇死亡率和预期寿命也没有显著影响。社会越清廉（清廉指数越高）则会减少孕产妇死亡率、提高预期寿命，不过没有发现社会清廉程度对儿童死亡率有显著影响。

表6-2　基础回归结果

变量	儿童死亡率 (child mortality rate)			孕产妇死亡率 (maternal mortality rate)			预期寿命 (life expectancy)		
	①	②	③	④	⑤	⑥	⑦	⑧	⑨
援助（aid）	-0.332*** (0.115)	-1.032*** (0.216)	-0.394** (0.157)	-2.194*** (0.611)	-1.683 (1.328)	-2.474** (1.200)	0.109*** (0.018)	0.013* (0.007)	0.154*** (0.031)
援助波动（aidvol）	1.973*** (0.323)		1.126** (0.523)	7.076*** (2.086)		8.146** (4.004)	-0.317*** (0.077)		-0.449*** (0.110)
人均国内生产总值 （GDP per capita）		-0.001*** (0.000)	0.000 (0.000)		-0.000 (0.001)	-0.002** (0.001)		0.000 (0.000)	0.000*** (0.000)
贸易开放度（openness）		0.021 (0.013)	0.004 (0.05)		-0.304* (0.163)	-0.074** (0.036)		-0.006 (0.005)	0.001 (0.001)
通胀水平（inflation）		0.020 (0.025)	0.034 (0.029)		0.037 (0.083)	-0.029 (0.055)	0.008 (0.008)	0.002 (0.002)	
老年抚养比 （age_dependency ratio）		-0.354 (0.314)	-0.319* (0.184)		-0.916 (1.451)	-0.360 (1.229)		-0.097** (0.043)	0.034 (0.051)
清廉指数 （corruption perceptions index）		-0.131 (0.182)	-0.796 (0.573)		-2.516 (3.960)	-1.326* (0.786)		0.061*** (0.022)	0.087*** (0.033)
儿童死亡率滞后项 （lagged child mortality rate）	0.989*** (0.011)	0.994*** (0.019)	0.964*** (0.021)						
孕产妇死亡率滞后项 （lagged maternal mortality rate）				0.984*** (0.010)	0.945*** (0.017)	0.960*** (0.017)			

续表

变量	儿童死亡率 (child mortality rate)			孕产妇死亡率 (maternal mortality rate)			预期寿命 (life expectancy)		
	①	②	③	④	⑤	⑥	⑦	⑧	⑨
预期寿命滞后项 (lagged life expectancy)							1.006 *** (0.010)	0.985 *** (0.011)	0.988 *** (0.013)
常数项 (constant)	1.774 (1.178)	5.222 (3.465)	3.734 * (1.989)	10.416 ** (4.656)	55.741 *** (17.117)	43.268 *** (15.134)	-0.838 (0.648)	1.573 * (0.865)	-0.624 (0.783)
年度固定效应	是	是	是	是	是	是	是	是	是
国家固定效应	是	是	是	是	是	是	是	是	是
N（观测值）	2530	2085	2085	2530	2085	2085	2089	2085	2085
2 阶自相关 arellano-bond 检验（p）	0.153	0.125	0.174	0.286	0.887	0.319	0.277	0.525	0.235
Hansen 检验（p）	0.400	0.221	0.165	0.706	0.121	0.148	0.319	0.175	0.581

注：* $p<0.1$，** $p<0.05$，*** $p<0.01$；括号中为稳健性标准差。
资料来源：笔者采用计量软件计算而得。

6.1.3　内生性与稳健性讨论

（1）内生性讨论

对于援助与儿童死亡率、孕产妇死亡率和预期寿命之间可能存在内生性问题，下面主要从理论分析和计量模型来解决。首先，援助与健康贫困之间是否存在逆向因果关系，即健康贫困水平越高（儿童死亡率高、孕产妇死亡率大、预期寿命低）的国家得到援助规模越大。然而实际健康贫困水平与国际援助之间的关系也较为复杂，并非贫困率越高的受援国接受援助规模占本国 GDP 比重越高（本书使用援助占受援国 GDP 比重），这也得到了许多研究的印证。例如，有研究发现援助成效较好的国家成为"援助宠儿"，而这些国家通常不是贫困率最高的赤贫国（Swiss, 2017）。许多国家会出于地缘政治、海外经济战略目标或者援助国之间的羊群效应引导援助资金流向，受援国的贫困状况在一定程度上甚至不是主要考量因素（Marysse et al.，2007）。严兵等（2021）认为对外援助可能并不会更青睐流向经济发展水平较低的国家和地区，因此援助与贫困可能并不存在双向因果关系。因此，从理论上来看，贫困水平可能在一定程度上影响部分类型和一些国家的援助，但整体的逆向因果关系并不成立（张原，2018）。其次，使用 SYS - GMM 方法，以不同期滞后项作为工具变量，有助于解决可能存在的内生性问题。[①]最后，下一节将利用机器学习方法分析援助波动与受援国健康贫困的影响，从而从根本上解除计量方法内生性问题的困扰。

即便如此，为避免援助可能与受援国贫困存在双向因果关系导致的不良影响，现将滞后期援助和滞后期援助波动作为工具变量进行检验。这里同时汇报滞后一期与滞后两期的情况。参考张原（2018）的研究，认为滞后两期

---

① 对于 SYS - GMM 是否能解决内生性问题，目前文献还没有定论。一般认为 GMM 有助于解决异质性和联立性偏误，在缺乏更优质的工具变量的情况下，使用 SYS - GMM 方法可能是较有效的方法。

更为合理，因此主要看两期的结果。为对比分别将滞后一期、两期作为解释变量进行回归，其回归结果如表6－3所示。具体而言，从将援助与援助波动滞后2期的模型②可知，援助会减少受援国儿童死亡率，而援助波动会增加儿童死亡率；从将援助与援助波动滞后2期的模型④可知，援助波动会提高孕产妇死亡率；从将援助与援助波动滞后2期的模型⑥可知，援助会提高受援国预期寿命，而援助波动会降低预期寿命。总体来看，回归结果显示将援助波动滞后处理后其回归结果大致与基础回归一致，即援助波动不利于受援国减少健康贫困。

表6－3 用滞后期的援助及援助波动作解释变量回归

变量	child mortality rate：儿童死亡率		maternal mortality rate：孕产妇死亡率		life expectancy：预期寿命	
	①滞后1期	②滞后2期	③滞后1期	④滞后2期	⑤滞后1期	⑥滞后2期
援助（aid）	－0.025 (0.212)	－0.209 ** (0.096)	－1.962 * (1.145)	－1.547 (0.946)	0.125 *** (0.034)	0.102 *** (0.034)
援助波动（aidvol）	0.096 (0.650)	0.697 * (0.362)	6.322 * (3.309)	5.161 ** (2.619)	－0.352 *** (0.114)	－0.277 ** (0.123)
控制变量	是	是	是	是	是	是
年度固定效应	是	是	是	是	是	是
国家固定效应	是	是	是	是	是	是
N（观测值）	2087	2088	2087	2088	2087	2088
2阶自相关 arellano-bond 检验（p）	0.260	0.252	0.482	0.693	0.244	0.233
Hansen 检验（p）	0.111	0.103	0.211	0.283	0.127	0.350

注：＊p＜0.1，＊＊p＜0.05，＊＊＊p＜0.01；括号中为稳健性标准差。
资料来源：笔者采用计量软件计算而得。

（2）基于OLS、FE和系统GMM三种方法对比的稳健性分析

根据鲁德曼（Roodman，2009）的研究，OLS（普通最小二乘法）模型会高估滞后一期被解释变量的系数，而面板FE（固定效应）模型会低估滞

后一期被解释变量的系数，对真实值的理想估计应使被解释变量一阶滞后项系数介于 OLS 模型与 FE 模型这两者之间。所以可根据滞后项系数范围大致判断系统 GMM 模型的稳健性。表 6－4 中模型①～③、模型④～⑥和模型⑦～⑨分别检验了三个不同被解释变量的结果。从模型①～③看，儿童死亡率滞后项系数的 OLS、FE 和系统 GMM 估计分别是 0.973、0.942、0.964，可知系统 GMM 估计值 0.964 正好在 OLS 与 FE 模型的估计值之间。同样可知孕产妇死亡率滞后项系数的 OLS、FE 和系统 GMM 估计值分别是 0.973、0.957、0.960，可知系统 GMM 估计值 0.960 正好在 OLS 与 FE 模型的估计值之间。预期寿命滞后项系数的 OLS、FE 和系统 GMM 估计值分别是 0.995、0.941、0.988，系统 GMM 估计值也介于 OLS 模型与 FE 模型的估计值 0.988 之间。所以可以大致确定基础回归的估计值与真实值处于同一范围，因此基础回归的参数基本是稳健的。

（3）变更援助波动测量方法的稳健性检验

考虑到仅用 HP 滤波方法测量援助波动大小可能并不完全科学，所以考虑用其他方法测量援助波动。考虑到援助波动是本期与上一期援助水平的比较，因此可用本期援助额与上一期援助额差值来衡量援助额的变化情况，为便于不同国家间援助波动的比较，将援助的变化除以援助变量的变异系数（变异系数等于变量标准差除以其平均值），该值大于 0 表示援助额相比前一期是增长的，如果小于 0 则是下降的。如果该波动值越大说明援助波动与一定时间内援助变量的变异系数比值越大，说明波动性越大，此时援助波动用公式表示为：$Aidvol_{it} = (Aid_{it} - Aid_{i,t-1}) \div (\sigma_{i,Aid} / \mu_{i,Aid}) = (Aid_{it} - Aid_{i,t-1}) \mu_{i,Aid} / \sigma_{i,Aid}$，其中 $\mu_{i,Aid}$ 是 i 国接受援助的平均值，$\sigma_{i,Aid}$ 是 i 国接受援助的标准误。其回归结果如表 6－5 所示。从模型③、模式⑥和模式⑨看援助波动对被解释变量的影响与基础归结果类似。从系数符号看，援助与援助波动系数符合相反，说明两者对被解释变量的影响方向相反。具体看：从模型③回归系数可知，援助波动增加受援国儿童死亡率，且在 1% 临界水平上显著。从模型⑥回归结果可知，援助波动会提高受援国孕产妇死亡率，且在 5% 临界水平上显著。

表6-4　OLS-FE-系统GMM三种方法对比稳健性检验

变量	儿童死亡率 (child mortality rate)			孕产妇死亡率 (maternal mortality rate)			预期寿命 (life expectancy)		
	①OLS	②FE	③系统GMM	④OLS	⑤FE	⑥系统GMM	⑦OLS	⑧FE	⑨系统GMM
援助 (aid)	-0.084***	-0.040**	-0.394**	-0.293***	-0.108	-2.474**	0.014***	0.020***	0.154***
	(0.010)	(0.017)	(0.157)	(0.069)	(0.117)	(1.200)	(0.001)	(0.002)	(0.031)
援助波动 (aidvol)	0.035	-0.021	1.126**	0.374**	0.135	8.146*	-0.019***	-0.025***	-0.449***
	(0.027)	(0.30)	(0.523)	(0.180)	(0.203)	(4.004)	(0.004)	(0.004)	(0.110)
儿童死亡率滞后项 (lagged child mortality rate)	0.973***	0.942***	0.964***						
	(0.002)	(0.004)	(0.021)						
孕产妇死亡率滞后项 (lagged maternal mortality rate)				0.973***	0.957***	0.960***			
				(0.001)	(0.004)	(0.017)			
预期寿命滞后项 (lagged life expectancy)							0.995***	0.941***	0.988***
							(0.001)	(0.004)	(0.013)
控制变量	是	是	是	是	是	是	是	是	是
N (观测值)	2085	2085	2085	2085	2085	2085	2085	2085	2085
2阶自相关 arellano-bond 检验 (p)			0.174			0.319			0.235
Hansen 检验 (p)			0.165			0.148			0.581

注：控制变量包括人均国内生产总值、贸易开放度、通胀水平、老年人口比重、社会清廉指数，同时引入了国家固定效应和时间固定效应，由于篇幅有限没有报告。* p<0.1，** p<0.05，*** p<0.01；括号中为稳健性标准差。

资料来源：笔者采用计量软件计算而得。

表6-5　变更援助波动测算方法的稳健性检验

变量	儿童死亡率 (child mortality rate)			孕产妇死亡率 (maternal mortality rate)			预期寿命 (life expectancy)		
	①	②	③	④	⑤	⑥	⑦	⑧	⑨
援助 (aid)	-0.332*** (0.115)	-1.032*** (0.216)	-0.380*** (0.057)	-2.194*** (0.611)	-1.683 (1.328)	-0.615 (0.421)	0.109*** (0.018)	0.013* (0.007)	0.113*** (0.032)
援助波动 (aidvol)	1.973*** (0.323)		0.447*** (0.065)	7.076*** (2.086)		1.265** (0.550)	-0.317*** (0.077)		-0.160*** (0.051)
常数项 (constant)	1.774 (1.178)	5.222 (3.465)	2.793* (1.677)	10.416** (4.656)	55.741*** (17.117)	41.455*** (15.450)	-0.838 (0.648)	1.573* (0.865)	-0.899 (0.936)
控制变量	否	是	是	否	是	是	否	是	是
年度固定效应	是	是	是	是	是	是	是	是	是
国家固定效应	是	是	是	是	是	是	是	是	是
N（观测值）	2530	2085	2085	2530	2085	2085	2089	2085	2085
2阶自相关 arellano-bond 检验（p）	0.153	0.125	0.510	0.286	0.887	0.463	0.277	0.525	0.980
Hansen 检验（p）	0.400	0.221	0.127	0.706	0.121	0.219	0.319	0.175	0.472

注：*p<0.1，**p<0.05，***p<0.01；括号中为稳健性标准差。
资料来源：笔者采用计量软件计算而得。

从模型⑨回归结果可知，援助波动会降低预期寿命，且在1%临界水平上显著。总之，改变援助波动的测算方法后依然发现：波动会增加受援国儿童死亡率、增加孕产妇死亡率、降低预期寿命，总之援助波动不利于受援国健康减贫。

综合内生性与稳健性讨论的结果，说明基础回归的结论基本是稳健的。

6.1.4 进一步讨论

援助波动对受援国健康贫困的影响来自何处，不同类型援助波动的影响是否存在差异也值得讨论。后文将分别从正向援助波动与负向援助波动、多边援助波动与双边援助波动角度讨论其来源，并分析卫生健康支出的间接效应。

（1）正向与负向援助波动影响分析

由于援助水平可能是正向增长，也可能是负向下降，既形成正向波动和负向波动，援助波动影响究竟来自哪种波动值得讨论，为此考虑正向援助波动与负向援助波动的影响。区分正向波动与负向波动的实证结果如表6-6所示，表中"波动>0"表示正向波动，"波动<0"表示负向波动。在儿童死亡率指标上（模型①和模型②），负向援助波动影响不显著，而正向波动显著，结合基础回归结果，说明援助波动对儿童死亡率的影响主要来自正向波动。而对于孕产妇死亡率指标（模型③和模型④），负向援助波动的影响显著，且系数为正；而正向援助波动的影响不显著。结合基础回归结果，大致可知援助波动对受援国孕产妇死亡率的影响主要来自负向援助波动。而对于预期寿命指标（模型⑤和模型⑥），负向援助波动和正向援助波动都会降低受援国预期寿命，且都显著，说明负向波动与正向波动对受援国寿命预期都会产生负面影响。结合显著性与系数符合看，无论正向援助波动还是负向援助波动都对受援国健康减贫不利，不过其影响存在细微差异性。

表 6－6　　　　　　正负向援助波动对受援国减贫影响的异质性检验

变量	儿童死亡率 (child mortality rate)		孕产妇死亡率 (maternal mortality rate)		预期寿命 (life expectancy)	
	①波动<0	②波动>0	③波动<0	④波动>0	⑤波动<0	⑥波动>0
援助（aid）	-0.334** (0.133)	-0.472** (0.213)	-0.928 (0.749)	-1.171 (1.444)	0.134*** (0.046)	0.151*** (0.048)
援助波动（aidvol）	0.077 (0.334)	0.293* (0.209)	1.844* (0.958)	1.763 (1.534)	-0.195** (0.063)	-0.215*** (0.063)
常数项 (constant)	8.040** (3.176)	8.877 (2.902)	74.466*** (14.500)	66.124* (34.833)	-0.733 (1.022)	-0.716 (1.532)
控制变量	是	是	是	是	是	是
年度固定效应	是	是	是	是	是	是
国家固定效应	是	是	是	是	是	是
N（观测值）	1098	987	1098	987	1098	987
2阶自相关 arellano-bond 检验（p）	0.101	0.423	0.281	0.436	0.923	0.542
Hansen 检验（p）	0.497	0.573	0.154	0.420	0.380	0.465

注：* $p<0.1$，** $p<0.05$，*** $p<0.01$；括号中为稳健性标准差。
资料来源：笔者采用计量软件计算而得。

(2) 多边与双边援助波动影响分析

有研究发现多边援助和双边援助的减贫效果并不一样，那么由这两种不同援助方式产生的资金波动对受援国减贫效果是否存在不同影响也值得关注。现将援助及其波动区分为多边援助（多边援助波动）和双边援助（双边援助波动）后进行检验，波动同样采取 HP 滤波后得到。检验的结果如表6－7 所示。研究显示：

第一，区分多、双边援助后，无论多边援助波动还是双边援助波动，对受援国健康减贫都不利。多边援助波动会增加受援国儿童死亡率、增加孕产妇死亡率、减少预期寿命。同样也可以发现，双边援助波动会增加受援国儿童死亡率、增加孕产妇死亡率、减少预期寿命。

第二，区分多、双边援助后，回归结果支持援助会减少贫困的结论。具体而言，多边援助会减少受援国儿童死亡率、降低孕产妇死亡率、增加受援国预期寿命。同样，双边援助会减少受援国儿童死亡率和孕产妇死亡率，而会增加受援国预期寿命。该结论与基础回归结果一致。

表6-7 区分多边与双边援助稳健性检验汇总

变量	因变量：儿童死亡率	因变量：孕产妇死亡率	因变量：预期寿命
多边援助	- 1.392 *** (0.454)	- 6.652 ** (2.912)	0.416 *** (0.087)
多边援助波动	2.376 ** (1.068)	13.744 * (7.662)	- 0.796 *** (0.209)
双边援助	- 1.130 *** (0.295)	- 4.619 ** (2.067)	0.289 *** (0.060)
双边援助波动	2.509 *** (0.703)	11.626 ** (4.499)	- 0.688 *** (0.147)

注：* $p<0.1$，** $p<0.05$，*** $p<0.01$；括号中为稳健性标准差。
资料来源：笔者采用计量软件计算而得。

(3) 卫生健康支出的间接效应分析

理论上，外部援助及其波动会影响受援国卫生健康支出，而卫生健康支出显然会影响家庭健康贫困水平，表现为：外国援助及援助波动→卫生健康支出→健康贫困水平。因此卫生健康支出可能是援助波动影响受援国减贫的一条重要间接机制，因此针对该间接效应进行检验。

借鉴温忠麟和叶宝娟（2014）的处理方法，采用逐步法检验援助卫生健康支出的间接效应。控制变量同样采用基础模型中的控制变量，同时考虑国家固定效应和年份时间固定效应。检验结果参见表6-8（模型①～模型③是前文基础回归结果）。从考察援助波动对卫生健康支出影响的模型④可知，援助波动对卫生健康支出的回归系数显著为负，说明援助波动会减少卫生健康支出水平；而援助对卫生健康支出系数显著为正，说明援助会增加受援国卫生健康支出水平。模型⑤～模型⑦是同时考虑援助波动与卫生健康支出后的回归结果。

综合来看，援助波动存在通过降低卫生健康支出间接作用于受援国减贫的间接效应，表现为遮掩效应，即直接效应与间接效应方向相反。由于遮掩效应等于间接效应与直接效应比例的绝对值，因此卫生健康支出对援助波动影响儿童死亡率、孕产妇死亡率和预期寿命的遮掩效果分别是 0.022、0.053、0.017。可能的原因有：受援国也非常重视本国减贫事业，如果外部援助资金的不稳定会引发受援国反向增加（或减少）资金用于稳定本国用于卫生健康方面的资金，从而可以减少援助波动对减贫的负面影响，从而形成遮掩效应。

表 6-8　　　　　　　　　　　健康卫生支出的间接效应分析

变量	①因变量：儿童死亡率	②因变量：孕产妇死亡率	③因变量：预期寿命	④因变量：卫生健康支出	⑤因变量：儿童死亡率	⑥因变量：孕产妇死亡率	⑦因变量：预期寿命
援助（aid）	-0.394 ** (0157)	-2.474 ** (1.200)	0.154 *** (0.031)	0.064 *** (0.020)	-0.508 ** (0.237)	-1.453 (0.948)	0.100 *** (0.034)
援助波动（aidvol）	1.126 ** (0.523)	8.146 ** (4.004)	-0.449 *** (0.110)	-0.059 ** (0.027)	1.329 ** (0.624)	3.045 * (1.781)	-0.259 *** (0.098)
卫生健康支出					0.502 *** (0.184)	2.760 * (1.532)	-0.076 *** (0.028)
控制变量	是	是	是	是	是	是	是
年度固定效应	是	是	是	是	是	是	是
国家固定效应	是	是	是	是	是	是	是
N（观测值）	2085	2085	2085	1623	1623	1623	1623
F 值				7.69			
2 阶自相关 arellano-bond 检验（p）	0.174	0.319	0.235		0.380	0.622	0.239
Hansen 检验（p）	0.165	0.148	0.581		0.283	0.694	0.640

注：控制变量与基础模型相同，采用面板固定效应模型。* $p<0.1$，** $p<0.05$，*** $p<0.01$；括号中为稳健性标准差。

资料来源：笔者采用计量软件计算而得。

6.2　机器学习视角下援助波动对受援国健康贫困影响分析

从前文的计量实证分析大体发现援助波动对受援国健康减贫是不利的，但在诸多影响健康贫困的因素中援助资金波动对健康减贫的影响究竟有多高并不知道。考虑到传统的计量模型主要用于因果关系分析，聚焦于参数估计和检验，往往需要很强的基本假设，这些假设经常与现实数据不相符，导致模型的预测能力差，对解释变量的重要性程度分析也不理想。而机器学习模型以提升预测准确性为目标，不需要诸多假设，能够分析变量重要性和变量偏依赖性，因此考虑采用机器学习方法。

近些年，源于计算机科学的人工智能技术取得突破性进展，随着 Alpha-Go 使用深度学习的方法在围棋比赛中击败了围棋冠军，使机器学习受到了广泛的关注。以提高预测准确性为主要目标的机器学习方法与计量经济学方法相比具有很大优势，机器学习方法不需要对模型进行诸多假设，不需要对参数进行估计，具有很好的预测性，能够观察变量间影响的重要性程度，因此本节在传统计量因果研究成果的基础上，考虑采用机器学习方法研究援助波动对受援国健康贫困的影响，以弥补计量经济学方法的研究不足。

6.2.1　模型、变量与数据说明

（1）随机森林模型

随机森林方法是一种机器学习技术，通常用于处理具有大数据集的复杂分类和回归问题。随机森林由布雷曼（Breiman，2001）提出，决策树是随机森林的基学习器，它通过一定算法搅动数据，得到不同的决策树模型，再组合在一起，构成一个预测效果优良的强学习器。它在装袋法的基础上，在决策树的节点分裂时，仅随机选取部分变量，随机森林通过降低决策树的相关性提高预测准确性（陈强，2021）。有研究（Sohnesen & Stender，2017）证明，随机森林方法往往比当前的常用实践方法（常用方法使用逐步回归法和套索算法筛选出的变量错误较多）更准确，其得出的贫困预测更准确。由于机器学习方法中的随机森林模型在贫困预测问题上具有良好的表现，因此本节也采用该方法。

图 6 - 7 展示了机器学习中随机森林的理论框架。如图 6 - 7 所示，它通过决

策树的基本学习器，利用数据挖掘算法探索具有多种子样本的大型数据集的逻辑规律，并将来自不同决策树的所有子预测结合起来，得出最终的预测结果。

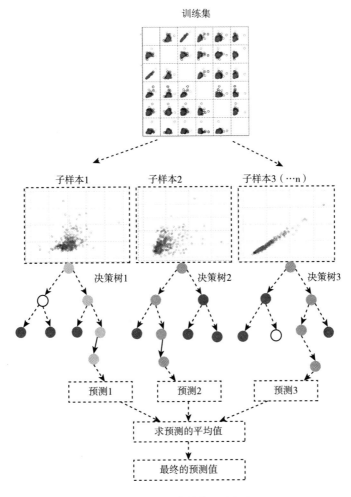

图 6 - 7　随机森林的理论框架

资料来源：笔者根据计算结果绘制而得。

考虑一个通用回归问题，其目标是估计被解释变量（或响应变量①）Y 与一组解释变量（或特征变量）X_1，X_2，…，X_p 之间的关系。用数学公式

① 需要指出的是在机器学习中被解释变量称为响应变量，而解释变量称为特征变量，因此后文常用响应变量和特征变量的称谓方法。

表达为：Y = f（X$_1$，X$_2$，…，X$_p$）+ e，其中，f 表示函数关系，e 为误差，显然可用 E［(Y – $\hat{Y}$)^2］表示真实值与预测值差的平方的期望，即均方误差（mean squared errors，MSR），随机森林算法就是通过对训练集数据的学习，找到一个函数，使均方误差的值最小：minE［(Y – $\hat{Y}$)^2］。

具体而言，随机森林模型对训练集进行随机采样，共采集 m 次，得到包含 m 个样本的采样集。用不同的采样集分别训练决策树模型，在训练决策树模型节点的时候，在节点上所有的样本特征中随机选择部分样本特征，然后在部分特征中选择一个最优的特征分割决策树。对于回归问题，由弱学习器得到的回归结果进行算术平均得到的值为最终的模型输出。

选用随机森林算法用于分析援助波动对受援国健康减贫影响具有如下意义：第一，该方法可以对回归问题进行预测，且具有优秀的表现，适合所探讨的问题，结论可靠；第二，能够对影响受援国减贫的各因素进行重要性排序，可以观察到哪些因素对受援国贫困影响更重要，而哪些因素次之，也可以观察援助及其波动的重要性程度；第三，可以利用偏依赖图观察援助波动对受援国贫困水平的边际影响，具有很强的经济意义。

（2）变量与数据说明

本书重点关注援助波动对健康贫困的影响，因此将受援国健康贫困作为被解释变量（响应变量）。核心解释变量为援助波动，由于援助波动依援助变化而生，因此援助也作为重要的解释变量纳入模型。诸多研究表明贫困具有很强的持久性，认为贫困状况会受过去贫困水平的影响，因此在模型中将滞后一期的贫困也纳入解释变量；由于援助与援助波动会影响贫困，因此直接进入模型；考虑到存在随时间、不同国家而变化的不可观测随机影响因素，因此将该随机干扰项加入模型。模型设置如下：

$$P_{it} = f(P_{i,t-1}, Aid_{it}, Aidvol_{it}, X'_{it}, \varepsilon_{it}) \qquad (6-2)$$

式（6 – 2）中，f 表示函数关系，P$_{it}$ 代表 i 国家 t 期的健康贫困水平，P$_{i,t-1}$ 代表 i 国家 t – 1 期的健康贫困水平。对贫困的衡量也与前文（6.1 节）

一致，即用儿童死亡率、孕产妇死亡率和预期寿命作为贫困指标，不过在机器学习中称为响应变量，而在计量中称为被解释变量。Aid_{it}表示 i 国家 t 期所接受的援助，为受援国接受援助额占本国 GDP 比重。$Aidvol_{it}$表示 i 国家 t 期所接受援助的波动水平，ε_{it} 是随机干扰项。

式（6-2）中的X_{it}'是一些影响贫困的其他控制变量。对特征变量的选择（计量中称为解释变量）也同前文（6.1节）一致，即包括贫困指标滞后项、援助、援助波动、人均 GDP、贸易开放度、通胀水平、老年（抚养）比、清廉指数。各变量说明同样如表6-1所示。选用这些变量的理由已在6.1节说明，同时也是为保持与计量实证检验的一致。

样本数据同前文（6.1节）计量实证所用数据一致，即采用1989～2017年91个受援国数据，对有缺失数据的样本进行删除处理，将全部样本分为训练集和测试集，训练集占总样本的70%，测试集占总样本的30%。

同6.1节一样，援助波动数据用 HP 滤波方法从援助数据中得到，该方法可以用来提取援助流的趋势和周期成分，用去除趋势后的周期成分作为援助波动。

6.2.2　机器学习结果分析

（1）对儿童死亡率的影响

首先观察儿童死亡率作为响应变量的情况。为避免泄露测试集信息，采用10折交叉验证选择随机森林的最优参数；考虑到决策树只要足够大，其对计算结果影响微弱，因此将决策树个数设为500，经验证决策树个数设为500已足够。为直观起见，对测试集预测结果进行可视化处理，儿童死亡率预测值（pred）与实际值（y_test）的散点图参见图6-8，经计算测试集的拟合优度为0.98，结果比较满意。可见，采用随机森林模型取得了较好的预测效果，说明采用该方法估算援助波动对受援国健康减贫是比较科学的。

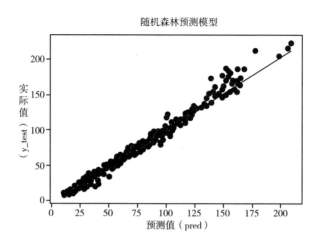

图 6 - 8　儿童死亡率预测值与实际值散点图

资料来源：笔者使用机器学习软件计算绘制而得。

计算变量重要性并排序，所得结果参见图 6 - 9。从图 6 - 9 结果可知，变量重要性排序为：儿童死亡率滞后项 > 老年抚养比 > 人均国内生产总值 > 援助 > 清廉指数 > 贸易开放度 > 通胀水平 > 援助波动，其中儿童死亡率滞后项的重要性占 48.1%，老年抚养比占 17.7%，人均 GDP 影响占 13.6%，援助占 6.7%，清廉指数占 6.2%，贸易开放度占 2.8%，通胀水平占 2.7%，援助波动占 2.2%。从所构建的模型可见影响受援国儿童死亡率的三个最主要因素是：儿童死亡率滞后项、老年抚养比例和人均 GDP，合计占约 79.7%。而援助波动影响仅占 2.2%（居于第 8 位）[①]，援助对儿童死亡率的影响约占 6.7%（居于第 4 位），援助相比援助波动对儿童死亡率的影响位次有所提升，说明援助对受援国健康贫困（儿童死亡率）的影响程度大于援助波动。另外，如果从全部影响因素看，援助波动对受援国儿童死亡率的影响显然属于一个非常次要的因素。

---

① 当然，如果特征变量选择不同，援助波动对受援国健康贫困指标影响的重要性会发生变化，不过援助波动属于影响受援国健康贫困水平的次要指标是大致可以确定的。

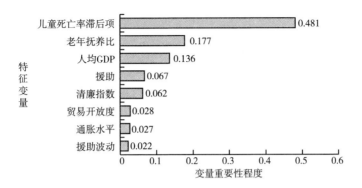

图6-9　援助波动对儿童死亡率影响重要性排序

资料来源：笔者根据机器学习软件的结果数据绘制而得。

为了观察各变量与儿童死亡率的关系，观察它们的偏依赖关系图（见图6-10）。基于研究需要，设 x =（Aidvol，Aid，…）′，y = Childmortalityrate = f（Aidvol，Aid，…），考虑第一个特征变量 x_1（Aidvol）对 y 的边际效应，在随机森林模型下得到：

$$\frac{\partial y}{\partial x_1} = \frac{\partial f(\,\text{Aidvol},\text{Aid},\cdots)}{\partial(\,\text{Aidvol})} \tag{6-3}$$

式（6-3）结果不是常数，统计上一般采用样本均值计算，得：

$$\hat{\phi}(x_1) = \frac{1}{n}\sum_{i=1}^{n} f(\,\text{Aidvol},\text{Aid},\cdots) \tag{6-4}$$

任意给定特征变量 x_p，均可得到 $\hat{\phi}(x_p)$，因此可画出偏依赖关系图 $(x_p,\ \hat{\phi}(x_p))$。

从图6-10来看，援助波动与儿童死亡率呈现类似"V"形结构。当援助波动为0时，儿童死亡率最低，而无论负向波动（波动值小于0），还是正向波动（波动值大于0），随着援助波动幅度的增加儿童死亡率也随之增加。不过负向援助波动对儿童死亡率的影响与正向援助波动的影响并不完全相同，其中负向援助波动对儿童死亡率的影响幅度要高于正向援助波动的影响，例如当负向波动为1.5单位时，儿童死亡率约增加至约69个单位；而正向援助波动为 1.5 单位时，儿童死亡率约增加至约 65 个单位，可见负向援助波动会导致更高的儿童死亡率。

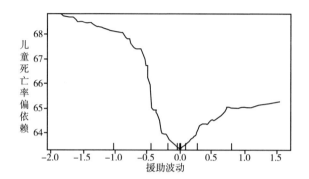

图 6 - 10　援助波动与儿童死亡率偏依赖关系图

资料来源：笔者根据机器学习软件的结果数据绘制而得。

（2）对孕产妇死亡率的影响

继续考察援助波动对孕产妇死亡率的影响情况。同样基于随机森林机器学习方法，测试集的预测值与实际值散点图如图 6 - 11 所示，经计算其拟合优度为 0.98，可见拟合度较高，说明该模型能够较好预测受援国孕产妇死亡率贫困变化。

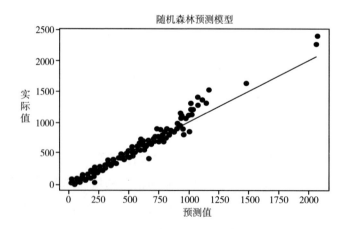

图 6 - 11　孕产妇死亡率预测值与实际值散点图

资料来源：笔者使用机器学习软件计算绘制而得。

计算变量重要性并排序，所得结果参见图 6－12。从图 6－12 中结果可知，对孕产妇死亡率影响的变量重要性排序为：孕产妇死亡率滞后项 > 老年抚养比 > 人均 GDP > 援助 > 清廉指数 > 援助波动 > 贸易开放度 > 通胀水平，其中孕产妇死亡率滞后项的重要性占 44.3%，老年抚养比占 18.9%，人均 GDP 影响占 15.6%，援助占 8.5%，清廉指数占 4.6%，援助波动占 3.6%，贸易开放度占 2.5%，通胀水平占 1.9%。从所构建的模型可见，影响受援国孕产妇死亡率的三个最主要因素是：孕产妇死亡率滞后项、老年抚养比例和人均 GDP，合计占约 78.8%。而援助波动影响仅占 3.6%（居于第 6 位），援助对孕产妇死亡率的影响约占 8.5%（居于第 4 位），援助相比援助波动对孕产妇死亡率的影响位次有所提升，说明援助对受援国孕产妇死亡率的影响程度大于援助波动。另外，如果从全部影响因素看，援助波动对受援国孕产妇死亡率的影响显然属于一个次要因素。

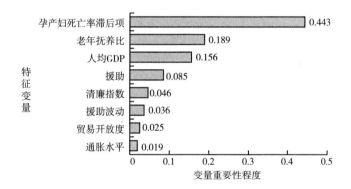

图 6－12　援助波动对孕产妇死亡率影响的重要性排序

资料来源：笔者根据机器学习软件的结果数据绘制而得。

从偏依赖关系图看（见图 6－13），援助波动与孕产妇死亡率呈现类似"V"形结构。当援助波动趋于 0 时，孕产妇死亡率最低，无论负向波动还是正向波动，随着援助波动幅度的增大受援国孕产妇死亡率也越高。说明援助波动确实会增加受援国孕产妇死亡率，因此对降低受援国孕产妇死亡率不利。但同时，也发现负向援助波动与正向援助波动对孕产妇死亡率影响并不相同。其中负向援助波动对孕产妇死亡率的不利影响幅度要高于正向援助波动的影响，例如，负向波动为 1.5 单位时，孕产妇死亡率约增加至 370 单位；而正向援助波动为 1.5 单位时，孕产妇死亡率约增加至 330 单位，两者相差约 40 单位。

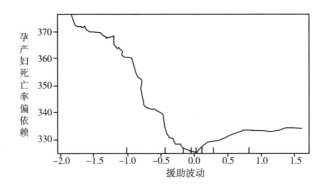

图 6 - 13　援助波动与孕产妇死亡率的偏依赖关系图

资料来源：笔者根据机器学习软件的结果数据绘制而得。

（3）对预期寿命的影响

此外，继续考察援助波动对预期寿命的影响情况。同样基于随机森林机器学习方法，测试集的预测值与实际值散点图如图 6 - 14 所示，其拟合优度为 0.99。

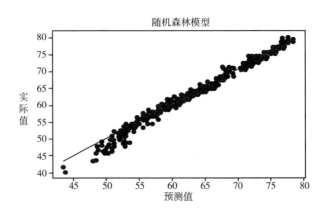

图 6 - 14　预期寿命预测值与实际值散点图

资料来源：笔者根据机器学习软件的结果数据绘制而得。

计算变量重要性并排序，所得结果参见图6-15。从图6-15中结果可知，对预期寿命影响的变量重要性排序为：预期寿命滞后项＞老年抚养比＞人均GDP＞援助＞清廉指数＞贸易开放度＞援助波动＞通胀水平，其中预期寿命滞后项的重要性占49.5%，老年抚养比占20.4%，人均GDP影响占12.1%，援助占6.8%，清廉指数占4.3%，贸易开放度占2.7%，援助波动占2.5%，通胀水平占1.8%。从所构建的模型可见影响受援国预期寿命的三个最主要因素是：预期寿命滞后项、老年抚养比例和人均GDP，合计占约82.0%。而援助波动影响仅占2.5%（居于第7位），援助对预期寿命的影响约占6.8%（居于第4位），援助相比援助波动对预期寿命的影响位次有所提升，说明援助对受援国预期寿命的影响程度大于援助波动。另外从全部8个特征变量看，援助波动对受援国预期寿命的影响显然属于次要因素。

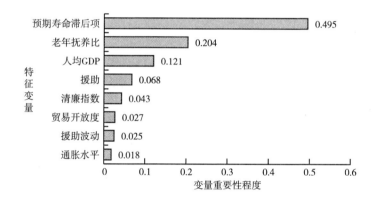

图6-15　援助波动对预期寿命影响的重要性排序

资料来源：笔者根据机器学习软件的结果数据绘制而得。

从偏依赖关系图看（见图6-16），援助波动与预期寿命呈现类似倒"V"形结构。当援助波动趋于0时，受援国预期寿命几乎到达最高，无论负向波动还是正向波动，由于援助波动的增加，预期寿命会随之下降，说明援助波动会减少受援国预期寿命。但同时，也发现负向援助波动与正向援助波动对预期寿命的影响并不相同。其中负向援助波动对预期寿命的不利影响幅度要高于正向援助波动的影响，例如负向波动为1单位时，预期寿命约下降至63.5岁；而正向援助波动为1单位时，预期寿命约下降至64.5岁，两者相差约 1 岁，可见负向援助波动对预期寿命的负面影响更大。

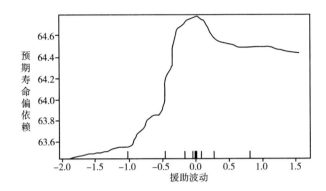

图 6 – 16　援助波动与预期寿命的偏依赖关系图

资料来源：笔者使用机器学习软件计算绘制而得。

6.2.3　机器学习结果汇总

为方便比较，将三个指标的随机森林模型机器学习结果汇总在表 6 – 9 中。从表 6 – 9 中可知，三个模型的测试集拟合优度都达到 0.98 以上，具有很好的预测能力，因此选用随机森林模型是可靠的。

从变量影响重要性角度看，援助波动对受援国健康减贫的影响并非重要因素。分别从对儿童死亡率、孕产妇死亡率和预期寿命影响角度看，在 8 个特征变量中援助波动分别排第 8 位、第 6 位和第 7 位，影响程度占比分别为 2.2%、3.6% 和 2.5%，其影响程度均低于援助本身的影响。援助对受援国健康贫困的影响程度占比分别为 6.7%、8.5% 和 6.8%。而最重要的影响因素是过去的贫困水平、老年抚养比和人均 GDP。

从偏依赖图看，无论是正向援助波动还是负向援助波动都对受援国减少健康贫困存在负面影响。援助波动越小时，儿童死亡率越低、孕产妇死亡率越低、预期寿命越高，这一结论从侧面印证了前文的计量分析结论。不过，从表 6 – 9 中援助波动偏依赖图可知，正向援助波动对健康减贫的负面影响要小于负向援助波动的影响，而这一点计量实证结果并没有显示出来。

表 6 - 9　援助波动对受援国健康减贫影响的重要性对比

变量	模型 1：儿童死亡率为响应变量	模型 2：孕产妇死亡率为响应变量	模型 3：预期寿命为响应变量
变量影响重要性排序	儿童死亡率滞后项 > 老年抚养比 > 人均 GDP > 援助 > 清廉指数 > 贸易开放度 > 通胀水平 > 援助波动	孕产妇死亡率滞后项 > 老年抚养比 > 人均 GDP > 援助 > 清廉指数 > 援助波动 > 贸易开放度 > 通胀水平	预期寿命滞后项 > 老年抚养比 > 人均 GDP > 援助 > 清廉指数 > 贸易开放度 > 援助波动 > 通胀水平
援助波动影响健康贫困的重要性程度	2.2%	3.6%	2.5%
援助影响健康贫困的重要性程度	6.7%	8.5%	6.8%
援助波动的偏依赖图			
测试集拟合优度 R^2	0.98	0.98	0.99

资料来源：笔者对计算结果进行整理绘制而得。

6.3　援助波动对受援国经济贫困影响的计量实证分析

经济贫困是国际社会衡量受援国援助减贫的另一重要视角，因此本节考虑援助波动对受援国经济贫困的影响。

6.3.1　经济贫困指标说明

本书6.3节与6.4节采用贫困率、贫困深度和贫困强度三个指标来衡量受援国的经济贫困，这也是世界银行经常采用的指标。这三个贫困指标本质上是从绝对收入的视角来测量经济贫困水平。当被测度对象生活水平低于某一绝对水平时被认为是贫困的，为此需要设定一条绝对贫困线，凡是生活于此贫困线下的人群都属于绝对贫困人口。对于这一绝对贫困线，世界银行按照基本需要成本方法来定义和测量，在不同时期有不同的标准。具体而言，这三个贫困指标的计算方法如下：

贫困率，也称贫困发生率，其计算公式为：$H = Q/N$，其中 H 表示贫困率，Q 代表贫困人口总数，N 为人口总数。该指标是较早也较普遍使用的一个指标，反映贫困发生的人口比重或规模，但不能反映贫困程度。

贫困深度，也称贫困缺口率，其计算公式为：$I = (S - y^*)/S$，其中 I 为贫困深度，S 为贫困线，y^* 为贫困人口平均收入水平。该指标反映了平均贫困程度，但是不能反映贫困人口的规模和占总人口的比重，也不能反映贫困人口内部收入高低不均的状况。

贫困强度，同样反映贫困的严重程度，其将贫困深度进行平方，然后进行算术平均，其公式为 $P = (1/N) \times \sum [(S - y_i)/S]^2$，其中 N 表示贫困人口总数，S 表示贫困线，$y_i$ 表示第 i 个贫困人口的收入水平，该指标实质是对不同贫困程度的人口采用不同的权重，其中权重随着收入的增加而降低。

6.3.2 基础回归结果

（1）模型、变量与数据说明

由于本部分重点关注援助波动对受援国经济减贫的影响，因此将受援国经济贫困作为被解释变量，核心解释变量为援助波动，由于援助波动依援助变化而生，因此援助也作为重要的解释变量纳入模型。同样，已有研究表明贫困受上一期贫困的影响较大，因此基础计量模型设置如下：

$$P_{it} = \beta_0 + \beta_1 P_{i,t-1} + \beta_2 Aid_{it} + \beta_3 Aidvol_{it} + X'_{it}\theta + \nu_i + \mu_t + \varepsilon_{it} \qquad (6-5)$$

式（6-5）中，P_{it}代表 i 国家 t 期的经济贫困水平，$P_{i,t-1}$代表 i 国家 t-1 期的经济贫困水平；由于经济贫困常用指标包括贫困率、贫困深度和贫困强度，本部分选用这三个指标来衡量援助对受援国经济减贫的影响。

同样，Aid_{it}表示 i 国家 t 期所接受的援助，为受援国接受援助额占本国 GDP 比重。$Aidvol_{it}$表示 i 国家 t 期所接受援助的波动水平。X'_{it}是一些影响贫困的控制变量，所选控制变量与式（6-1）相同，即将受援国经济发展水平、对外开放度、物价水平、人口结构和社会制度质量的 5 个变量作为控制变量。变量衡量与前文（6.1 节）相同，用受援国人均 GDP 指标衡量受援国经济发展水平，用对外贸易开放度衡量社会对外开放程度，用通货膨胀率衡量当地物价水平变化情况，将当地老年人抚养比例作为衡量当地人口年龄结构的变量，用社会清廉指数衡量社会制度质量。ν_i是随国家个体变化的不可观察因素，μ_t是随时间变化的不可观察因素，ε_{it}是随机误差项。θ 表示控制变量对贫困的影响大小系数，β_2 与 β_3 分别表示援助与援助波动对经济贫困的影响参数。

样本同样来自 91 个受援国 1989～2017 年数据（本书在做这一部分研究时所获数据是最新的）。需要指出的是，由于贫困率、贫困深度和贫困强度数据在 2010 年之前每 3 年才发布一次，数据是不连续的，加之构建的是动态面板模型，解释变量中需采用贫困指标的滞后一期，因此实际能参加计算的样本大大减少，从原来的2000多减少至不到300。同样，援助波动将援助数据进行HP滤波后得到，该方法可以用来提取援助流的趋势和周期成分，用去除趋势后的周期成分作为援助波动。贫困指标说明与数据来源如表6－10所示。

表6－10   贫困指标说明

变量	变量说明	数据来源
贫困率（poverty rate）	也称贫困发生率，是贫困人口除以总人口	世界银行
贫困深度（poverty gap）	贫困深度 =（贫困线 - 贫困人口平均收入水平）/贫困线	世界银行
贫困强度（squared poverty gap）	同样反映贫困的严重程度，其将贫困深度进行平方，然后进行算术平均	世界银行

资料来源：笔者整理绘制而得。

（2）基础回归结果

由于是动态面板模型，本部分采用两阶段系统GMM方法，使用稳健性标准误差进行估计。

表6－11是全部样本国家实证检验结果。模型③、模式⑥和模式⑨的计算结果是重点关注部分。从模型③回归结果看，援助及援助波动对受援国贫困率没有显著影响；从模型⑥的回归看，援助能够减少受援国贫困深度，但援助波动对受援国贫困深度没有显著影响；从模型⑨结果看，援助能够减少受援国贫困强度，援助波动对受援国贫困强度没有显著影响。综合看，援助的增加有利于帮助受援国减少经济贫困，而并没有发现援助波动会恶化受援国经济贫困。

此外，从回归结果看，滞后1期的贫困率会显著影响贫困率，滞后1期的贫困深度会显著影响贫困深度，滞后1期的贫困强度会显著影响贫困强度，即受援国的经济贫困水平会受到上期贫困水平的显著影响，再次印证了贫困具有较强惯性的观点。

从人均GDP解释变量看，在所观察的时期内，受援国人均GDP水平对经济贫困没有统计意义上的显著影响。人均GDP是从平均角度反映经济水

表 6 - 11　　　　　基础回归结果

变量	贫困率（poverty rate）			贫困深度（poverty gap）			贫困强度（squared poverty gap）		
	①	②	③	④	⑤	⑥	⑦	⑧	⑨
援助（aid）	-0.001 (0.001)	-0.000 (0.001)	-0.000 (0.001)	-0.001** (0.000)	-0.001** (0.000)	-0.001* (0.000)	-0.001* (0.000)	-0.001*** (0.000)	-0.001** (0.000)
援助波动（aidvol）	-0.002 (0.004)		-0.000 (0.003)	-0.001 (0.001)		-0.000 (0.001)	-0.001 (0.001)		-0.001 (0.001)
人均国内生产总值（GDP per capita）		-0.000 (0.000)	-0.000 (0.000)		-0.000 (0.000)	-0.000 (0.000)		-0.000 (0.000)	-0.000 (0.000)
贸易开放度（openness）		-0.000 (0.000)	-0.000 (0.000)		0.000 (0.000)	0.000 (0.000)		0.000 (0.000)	0.000 (0.000)
通胀水平（inflation）		-0.000 (0.000)	-0.000 (0.000)		-0.000 (0.000)	-0.000 (0.000)		-0.000 (0.000)	-0.000 (0.000)
老年抚养比（age_dependency ratio）		-0.002 (0.002)	-0.002 (0.002)		0.000 (0.001)	-0.000 (0.000)		0.000 (0.001)	0.000 (0.000)
清廉指数（corruption perceptions index）		0.001 (0.002)	0.001 (0.003)		-0.000 (0.001)	-0.000 (0.001)		-0.000 (0.001)	-0.000 (0.001)
贫困率滞后项（lagged poverty rate）	0.922*** (0.042)	0.927*** (0.225)	0.907*** (0.073)						
贫困深度滞后项（lagged poverty gap）				0.973*** (0.036)	1.034*** (0.094)	0.995*** (0.036)			

续表

变量	贫困率 (poverty rate)			贫困深度 (poverty gap)			贫困强度 (squared poverty gap)		
	①	②	③	④	⑤	⑥	⑦	⑧	⑨
贫困强度滞后项 (lagged squared poverty gap)							1.002*** (0.038)	1.070*** (0.088)	1.024*** (0.039)
常数项 (constant)	0.008 (0.006)	0.037 (0.037)	0.042 (0.034)	0.003** (0.001)	-0.002 (0.018)	0.005 (0.007)	-0.001 (0.001)	-0.003 (0.009)	0.001 (0.004)
年度固定效应	是	是	是	是	是	是	是	是	是
国家固定效应	是	是	是	是	是	是	是	是	是
N (观测值)	261	261	261	261	261	261	261	261	261
自相关 arellano-bond 检验 (p)	0.268	0.152	0.232	0.412	0.344	0.338	0.338	0.394	0.309
Hansen 检验 (p)	0.100	0.079	0.138	0.388	0.463	0.471	0.547	0.686	0.431

注：* $p<0.1$，** $p<0.05$，*** $p<0.01$；括号中为稳健性标准差。
资料来源：笔者采用计量软件计算而得。

平的增长，可能在广大受援国，贫困人群从经济发展受益较少，虽然从平均指标看人均 GDP 增长了，实际上可能存在收入分配的不平等，经济发展可能使富人获益更多，导致贫困水平改善不明显。另外，出现这一现象的可能与考察期内样本严重缺失有关①，将来需要扩大样本再次检验。

另外，贸易开放度、物价通胀水平、老年抚养比和清廉指数看，他们对受援国经济贫困基本上也没有显著影响。

6.3.3　内生性讨论

对于援助与贫困率、贫困深度和贫困强度之间可能存在内生性问题，同样，下面主要从理论分析和计量模型来解决。首先，援助与贫困之间是否存在逆向因果关系，即贫困水平越高（贫困率高、贫困深度大、贫困强度高）的国家得到援助规模越大。实际贫困水平与国际援助之间的关系也存在复杂性，并非贫困率越高的受援国接受援助规模越高。许多国家会出于地缘政治、海外经济战略目标或者援助国之间的羊群效应引导援助资金流向，受助国的贫困状况在一定程度上甚至不是主要考量因素（Marysse et al.，2007）。严兵等（2021）认为对外援助可能并不会更青睐流向经济发展水平较低的国家和地区，因此援助与贫困可能并不存在双向因果关系。因此，从理论上来看，贫困水平可能在一定程度上影响部分类型和一些国家的援助，但整体的逆向因果关系并不成立（张原，2018）。其次，使用 SYS - GMM 方法，以不同期滞后项作为工具变量，有助于解决可能存在的内生性问题，回归分析将对工具变量识别不足、过度识别和弱工具变量问题均进行检验，采用检验均显著的结论②。最后，下一节将利用机器学习方法分析援助波动与受援国贫

---

① 样本缺失原因主要有：很多每 3 年才发布一次贫困数据、动态面板中滞后项的存在、受援国其他控制变量数据缺失等，这些原因都导致模型样本大大减少，从而估计结果并不能完全反映实际情况。

② 对于 SYS - GMM 是否能解决内生性问题，目前文献还没有定论。一般认为 GMM 有助于解决异质性和联立性偏误，在缺乏更优质的工具变量的情况下，使用 SYS - GMM 方法可能是较有效的方法。

困的影响，从而从根本上解除计量方法内生性问题的困扰。

同样，有研究认为 OLS 模型会高估滞后一期被解释变量的系数，而固定效应模型会低估滞后一期被解释变量的系数，对真实值的理想估计应使被解释变量一阶滞后项系数介于 OLS 模型与固定效应模型这两者之间（Roodman，2009）。所以可根据滞后项系数范围大致判断系统 GMM 模型的稳健性。表 6 – 12 中模型①～③、模型④～⑥和模型⑦～⑨分别检验了三个不同被解释变量的结果。从模型①～③看，贫困率滞后项系数的 OLS、FE 和系统 GMM 估计分别是 0. 968、0. 516、0. 907，可知系统 GMM 估计值 0. 907 处在 OLS 与 FE 模型估计结果之间。同样可知贫困深度滞后项系数的 OLS、FE 和系统 GMM 估计值分别是 1. 017、0. 400、0. 995；贫困强度滞后项系数的 OLS、FE 和系统 GMM 估计值分别是 1. 117、0. 274、1. 024，系统 GMM 估计值都介于 OLS 模型与 FE 模型之间。所以可以大致确定基础回归的估计值与真实值处于同一范围，因此基础回归的参数具有一定参考作用。

6.3.4 进一步讨论

（1）援助波动对减贫影响的时间滞后效应

相比于健康贫困领域，援助项目对减少受援国经济贫困是复杂的，一个国家整个贫困率、贫困深度和贫困强度指标的改善需要较长时间，因此援助项目从实施到传导至减贫可能存在时滞（张原，2018），因此援助波动对受援国影响可能存在时间滞后效应，因此考虑将滞后 1 期和 2 期的援助和援助波动纳入回归分析，其回归结果见表 6 – 13。从滞后 1 期的模型①、模型③、模型⑤的回归结果看，援助能够减少受援国的贫困率、贫困深度和贫困强度，而援助波动对受援国贫困率、贫困深度和贫困强度没有显著影响。从滞后 2 期的模型②、模型④、模型⑥的结果看，援助能够减少受援国的贫困率、贫困深度和贫困强度，而援助波动会增加受援国贫困率、贫困深度和贫困强度。从援助对受援国贫困影响看，滞后期的援助回归结果大致与当期援

表6-12 OLS-FE-系统GMM三种方法对比稳健性检验

变量	贫困率 (poverty rate)			贫困深度 (poverty gap)			贫困强度 (squared poverty gap)		
	①OLS	②FE	③系统GMM	④OLS	⑤FE	⑥系统GMM	⑦OLS	⑧FE	⑨系统GMM
援助 (aid)	0.000 (0.001)	0.006*** (0.001)	-0.000 (0.001)	-0.003* (0.000)	0.006*** (0.001)	-0.001* (0.000)	-0.000* (0.000)	0.005*** (0.001)	-0.001** (0.000)
援助波动 (aidvol)	0.001 (0.002)	-0.007*** (0.02)	-0.000 (0.003)	-0.000 (0.001)	-0.007*** (0.001)	-0.000 (0.001)	-0.000 (0.001)	-0.006*** (0.001)	-0.001 (0.001)
贫困率滞后项 (lagged poverty rate)	0.968*** (0.015)	0.516*** (0.058)	0.907*** (0.073)						
贫困深度滞后项 (lagged poverty gap)				1.017*** (0.025)	0.400*** (0.084)	0.995*** (0.036)			
贫困强度滞后项 (lagged squared poverty gap)							1.117*** (0.025)	0.274** (0.108)	1.024*** (0.039)
控制变量	是	是	是	是	是	是	是	是	是
N (观测值)	261	261	261	261	261	261	261	261	261
自相关 arellano-bond 检验 (p)			0.232			0.338			0.309
Hansen 检验 (p)			0.138			0.471			0.431

注：* $p<0.1$，** $p<0.05$，*** $p<0.01$，括号中为稳健性标准差；控制变量包括人均国内生产总值，贸易开放度，通胀水平，老年人口比重，社会清廉指数，同时引入了国家固定效应和时间固定效应，为避免冗繁没有报告。

资料来源：笔者采用计量软件计算而得。

助回归结果一致，即援助有利于减少受援国经济贫困；而从援助波动对受援国贫困影响看，滞后2期的援助波动与当期援助波动回归结果并不相同，滞后2期的援助波动会恶化受援国贫困，即援助波动对受援国贫困影响可能存在一定的滞后效应。

表6-13 用滞后期援助及援助波动回归

变量	贫困率（poverty rate）		贫困深度（poverty gap）		贫困强度（squared poverty gap）	
	①滞后1期	②滞后2期	③滞后1期	④滞后2期	⑤滞后1期	⑥滞后2期
援助（aid）	-0.001** (0.000)	-0.001*** (0.000)	-0.001*** (0.000)	-0.001*** (0.000)	-0.000*** (0.000)	-0.001*** (0.000)
援助波动（aidvol）	0.001 (0.001)	0.001* (0.000)	0.000 (0.000)	0.001*** (0.000)	0.000 (0.000)	0.000*** (0.000)
控制变量	是	是	是	是	是	是
年度固定效应	是	是	是	是	是	是
国家固定效应	是	是	是	是	是	是
N（观测值）	261	261	261	261	261	261
自相关 arellano-bond 检验（p）	0.119	0.132	0.243	0.290	0.330	0.420
Hansen 检验（p）	0.515	0.562	0.496	0.573	0.587	0.641

注：* $p<0.1$，** $p<0.05$，*** $p<0.01$；括号中为稳健性标准差。
资料来源：笔者采用计量软件计算而得。

（2）正向与负向援助波动对经济贫困影响

由于援助水平可能是正向增长，也可能是负向下降，即形成正向波动和负向波动，援助波动影响究竟来自哪种波动值得讨论。区分正向波动与负向波动的实证结果参见表6-14，表中"波动>0"表示正向波动，"波动<0"表示负向波动。在贫困率指标上（模型①和模型②），正、负向援助波动对贫困率都没有显著影响。而对于贫困深度指标（模型③和模型④），负向援助波动的影响不显著，正向援助波动的影响也不显著。而对于贫困强度指标（模型⑤和模型⑥），负向援助波动和正向援助波动对贫困强度都没有显著影

响。综合回归可见，正向援助波动与负向援助波动对受援国贫困影响没有太大差异，更没有发现正向援助波动对减少经济贫困的影响要优于负向援助波动。

表 6 - 14　　　　正负向援助波动对受援国减贫影响的异质性检验

变量	贫困率 (poverty rate)		贫困深度 (poverty gap)		贫困强度 (squared poverty gap)	
	①波动 < 0	②波动 > 0	③波动 < 0	④波动 > 0	⑤波动 < 0	⑥波动 > 0
援助 (aid)	− 0.001 (0.001)	− 0.000 (0.001)	− 0.001 *** (0.000)	− 0.000 (0.001)	− 0.001 ** (0.000)	0.000 (0.000)
援助波动 (aidvol)	− 0.001 (0.002)	0.001 (0.002)	− 0.000 (0.001)	0.001 (0.001)	0.000 (0.001)	0.001 (0.001)
常数项 (constant)	0.034 (0.021)	− 0.010 (0.017)	− 0.009 (0.017)	0.000 (0.008)	− 0.006 (0.010)	0.003 (0.005)
控制变量	是	是	是	是	是	是
年度固定效应	是	是	是	是	是	是
国家固定效应	是	是	是	是	是	是
N（观测值）	154	107	154	107	154	107
自相关 arellano-bond 检验（p）	0.319	0.147	0.119	0.118	0.122	0.155
Hansen 检验（p）	0.224	0.581	0.259	0.625	0.535	0.606

注：* $p < 0.1$，** $p < 0.05$，*** $p < 0.01$；括号中为稳健性标准差。
资料来源：笔者采用计量软件计算而得。

6.4　机器学习视角下援助波动对受援国经济贫困影响分析

从前文的计量因果分析大体发现，援助能够减少受援国贫困率、贫困深度和贫困强度，但当期援助波动对受援国经济贫困影响是不显著的，由于贫困率、贫困深度与贫困强度存在较多缺失数据导致样本不足，基于参数估计的计量经济分析方法存在较多模型假设，可能会导致实际数据结构并不能完全满足基本假设，导致估计不准。同样，以提升预测准确性为目标的机器学习方法不需要很多模型假设，能够区分不同变量对经济贫困的影响程度，因此考虑用机器学习方法加以分析。与处理援助波动对健康贫困影响一样，采用随机森林模型进行分析。

样本数据同前文计量实证所用数据一致，对有缺失数据的样本进行删除处理，将全部样本分为训练集和测试集。特征变量和响应变量同前文（6.3节）计量基础模型也保持一致，即贫困率、贫困深度和贫困强度作为响应变量，贫困指标滞后项、援助、援助波动、人均 GDP、贸易开放度、通胀水平、老年（抚养）比、清廉指数为特征变量。

6.4.1　援助波动对受援国贫困率的影响

首先观察援助波动对受援国贫困率指标的影响。考虑到只要随机森林的决策树足够大，该模型对计算结果影响微弱，因此将决策树个数设为 500。通过对训练集的训练和学习，再对测试集进行预测，为更加直观观察，对测试集所得到的贫困率预测结果进行可视化处理，贫困率预测值（pred）与实际值（y_test）的散点图参见图 6-17，测试集的拟合优度为 0.94，结果比较满意。结果显示随机森林模型取得了较好的预测效果，说明所采用的模型对预测受援国贫困率变化效果比较理想。

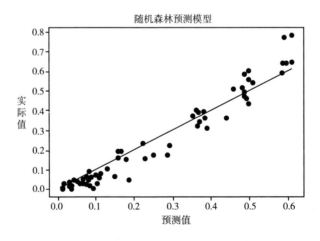

图 6-17　贫困率预测值与实际值散点图

资料来源：笔者使用机器学习软件计算绘制而得。

此外，为更加直观地观察贫困率的预测值与实际值的差异程度，将测试集测算所得到的贫困率预测值与实际值绘制成折线图（见图6-18），从该图可知贫困率预测值与贫困率实际值匹配度较高，说明模型的预测性较好。图中纵坐标表示贫困人口占全部人口比重，0.1代表10%，横坐标表示随机选取的测试集样本序号。

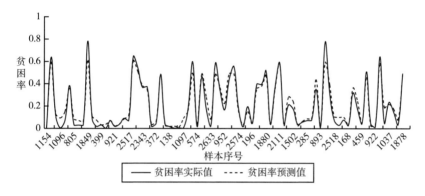

图6-18　贫困率预测值与实际值折线图

资料来源：笔者根据机器学习软件的结果数据绘制而得。

再利用机器学习模型分析不同特征变量对受援国贫困率的影响。从所构建的模型看，影响贫困率因素重要性排序参见图6-19，图中横坐标表示特征变量对响应变量的影响程度，横条越长表示重要性越大；纵坐标分别表示不同的特征变量。根据图6-19中可知变量重要性排序位：贫困率滞后项＞人均GDP＞老年抚养比＞援助＞援助波动＞贸易开放度＞清廉指数＞通胀水平，其中贫困率滞后项的影响占41.6%，人均国内生产总值影响占17.8%，老年抚养比占13.5%，援助占11.8%，援助波动占5.9%，贸易开放度占3.9%，清廉指数占2.9%，通胀水平占2.4%。从所构建的模型可见影响受援国贫困率的前三个最重要因素是过去的贫困水平（贫困率滞后项）、经济发展水平（人均国内生产总值）和人口年龄结构（老年抚养比例），合计占约72.9%，而援助居于第4位（约占11.8%），援助波动影响约占5.9%（居于第5位）。援助的影响大于10%，而援助波动的影响不到6%，可见援助对帮助受援国减贫（减少贫困率）的影响程度大于援助波动，从全部影响因素看，援助波动对受援国贫困率影响显然属于次要因素①。

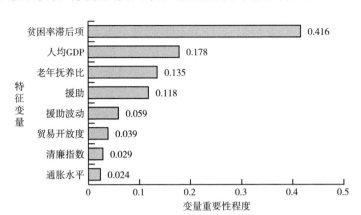

图 6 – 19　影响贫困率的重要性排序

资料来源：笔者根据机器学习软件的结果数据绘制而得。

此外，还可通过观察援助波动与受援国贫困率的偏依赖关系图来观察两者之间的联系，参见图 6 – 20。从图 6 – 20 中可以观察到，援助波动与受援国贫困率大致呈现一个变形的"V"形，其中负向援助波动越大，受援国贫困率越高，随着负向援助波动趋于 0 时，贫困率也趋向于 0，说明负向援助波动对受援国减少贫困（贫困率）是不利的。另外，随着正向援助波动的加大，贫困率也呈现上升趋势，不过上升幅度没有负向援助波动的大，可见正向援助波动也会恶化受援国贫困（贫困率上升）。例如，当负向援助波动为 1 个单位时，贫困率会上升至接近 0. 26 个单位，而如果负向援助波动为 1 个单位时，贫困率上升至不到 0. 23，两者相差近 0. 03 个单位。

6.4.2　援助波动对受援国贫困深度的影响

观察援助波动对受援国贫困深度指标的影响。考虑到决策树只要足够大，其对计算结果影响微弱，同样将决策树个数设为 500。通过对训练集的

---

① 当然，如果特征变量选择不同，援助波动对受援国贫困指标影响的重要性会发生变化，不过援助波动属于影响受援国贫困水平的次要指标是大致可以确定的。

训练和学习，然后对测试集进行预测，对测试集所得到的受援国贫困深度的预测结果进行可视化处理，将其绘制成散点图。贫困强度预测值（pred）与实际值（y_test）的散点图参见图 6－21，测试集的拟合优度为 0.93，结果比较满意。可见，采用随机森林模型取得了较好的预测效果，说明该模型对预测受援国贫困深度变化效果比较理想。

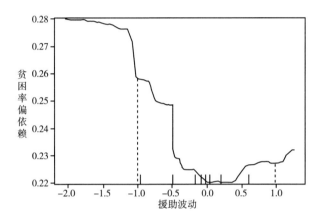

图 6－20　援助波动与贫困率的偏依赖关系

资料来源：笔者根据机器学习软件的结果数据绘制而得。

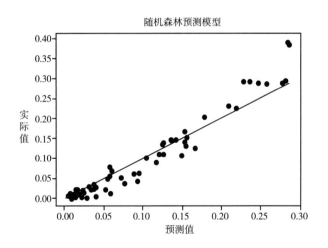

图 6－21　贫困深度预测值与实际值散点图

资料来源：笔者使用机器学习软件计算绘制而得。

　　此外，为更加直观地观察贫困深度预测值与实际值的差异程度，将测试集测算所得到的贫困深度的预测值与实际值绘制成折线图（见图 6 - 22），由该图可知贫困深度的预测值与贫困深度实际值匹配度较高，说明模型的预测性较好。图 6 - 22 中纵坐标表示贫困深度，数值越大说明平均贫困程度越高；横坐标表示随机选取的测试集样本序号。

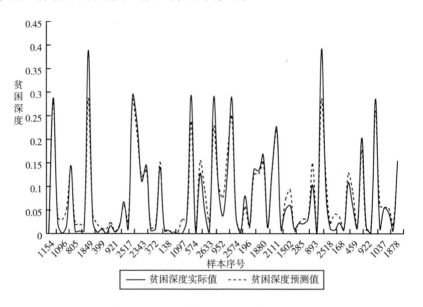

图 6 - 22　贫困深度预测值与实际值折线图

资料来源：笔者根据机器学习软件的结果数据绘制而得。

　　从所构建的模型看，影响贫困深度各因素的重要性排序为（见图 6 - 23）：贫困深度滞后项 > 人均国内生产总值 > 援助 > 老年抚养比 > 援助波动 > 贸易开放度 > 清廉指数 > 通胀水平，其中贫困深度滞后项的重要性占 41.3%，人均国内生产总值影响占 16.7%，援助占 12.5%，老年抚养比占 11.8%，援助波动占 7.4%，贸易开放度占 4.7%，清廉指数占 2.9%，通胀水平占 2.6%。从所构建的模型可见影响受援国贫困深度的前三个最重要因素是过去的贫困水平（贫困深度滞后项）、经济发展水平（人均国内生产总值）和援助，合计占约 70.5%，而援助波动影响约占 7.4%（居于第 5 位）。援助对贫困深度的影响占 12.5%（居于第 3 位），相比援助波动对贫困深度影响位次有所提升，说明援助对受援国减贫（减少贫困深度）的影响程度大于援助波动。另外如果从全部影响因素看，援助波动对受援国贫困深度的影响显然属于次要因素。

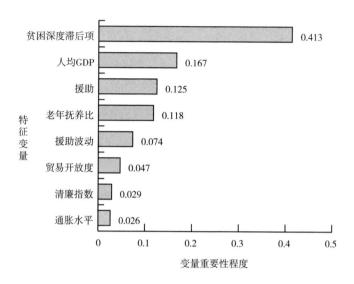

图6-23　影响贫困深度的变量重要性排序

资料来源：笔者根据机器学习软件的结果数据绘制而得。

此外，还可通过观察援助波动与受援国贫困深度的偏依赖关系图来观察两者之间的联系，参见图6-24。从图6-24中可以观察到，援助波动与受援国贫困深度大致同样也呈现一个变形的"V"形，其中负向援助波动越大，受援国贫困深度越高，随着负向援助波动趋于0时，贫困深度也趋向于0，大致可以说明负向援助波动对受援国减少贫困（贫困深度）是不利的。另外，随着正向援助波动的加大，贫困深度也呈现上升趋势，不过上升幅度没有负向援助波动的大，但也可以认为正向援助波动也会恶化受援国贫困（贫困深度上升）。总体看，正向援助波动对贫困深度的负面影响要小于负向援助波动，例如，当负向援助波动为1个单位时，贫困深度会上升0.095个单位左右，而如果负向援助波动为1个单位时，贫困深度上升不到0.085，两者相差近0.01个单位。

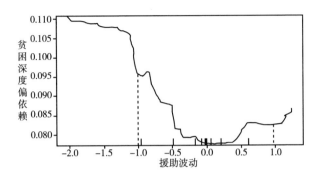

图 6 - 24　援助波动与贫困深度的偏依赖关系

资料来源：笔者根据机器学习软件的结果数据绘制而得。

6.4.3　援助波动对受援国贫困强度的影响

继续观察援助波动对受援国贫困强度指标的影响。同样为减少决策树过少的不利影响，将决策树个数设为500。通过对训练集的训练和学习，然后对测试集进行预测，将测试集所得到的受援国贫困强度的预测结果与实际值进行可视化处理，将其绘制成散点图。贫困强度预测值（pred）与实际值（y_test）的散点图参见图6-25，得到测试集的拟合优度为0.93，大于0.9，结果比较满意。可见，采用随机森林模型取得了较好的预测效果，说明该模型对预测受援国贫困强度变化效果比较理想。

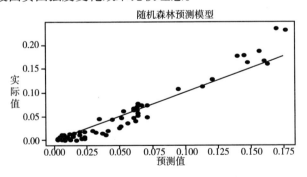

图 6 - 25　贫困强度预测值与实际值散点图

资料来源：笔者使用机器学习软件计算绘制而得。

为进一步更加直观地观察贫困强度预测值与实际值的差异程度，将测试集测算所得到的贫困强度的预测值与实际值绘制成折线图（见图6－26），由该图可知贫困强度的预测值与贫困强度实际值匹配度较高，再次说明模型的预测性较好。图6－26中纵坐标表示贫困深度，数值越大说明平均贫困程度越高；横坐标表示随机选取的测试集样本序号。

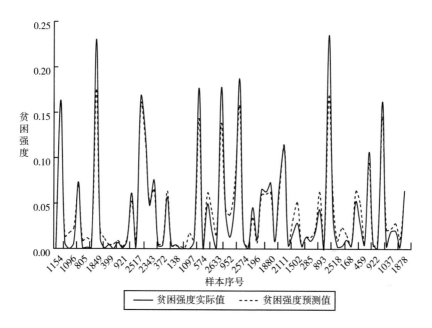

图6－26　贫困强度预测值与实际值折线图

资料来源：笔者根据机器学习软件的结果数据绘制而得。

从所构建的模型看，影响贫困强度各因素的重要性排序为（见图6－27）：贫困强度滞后项＞人均GDP＞援助＞老年抚养比＞援助波动＞贸易开放度＞清廉指数＞通胀水平，其中贫困强度滞后项的重要性占41.6%，人均国内生产总值影响占15.7%，援助占12.2%，老年抚养比占11.2%，援助波动占8.2%，贸易开放度占5.1%，清廉指数占3.1%，通胀水平占2.8%。经过所构建模型的机器学习分析可知，影响受援国贫困强度的前三个最重要因素是过去的贫困水平（贫困强度滞后项）、经济发展水平（人均国内生产总值）和援助，合计占约69.5%。

援助对贫困强度的影响为 12.2% （居于第 3 位），而援助波动对贫困强度的影响为 8.2% （居于第 5 位），说明援助对受援国减贫（减少贫困强度）的影响程度大于援助波动。另外如果从全部影响因素看，援助波动对受援国贫困强度的影响显然属于次要因素。

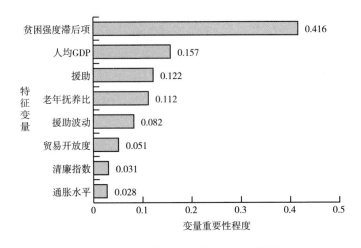

图 6 - 27 影响贫困强度的变量重要性排序

资料来源：笔者根据机器学习软件的结果数据绘制而得。

此外，还可通过观察援助波动与受援国贫困强度的偏依赖关系图来观察两者之间的联系，参见图 6 - 28。从图 6 - 28 中可以观察到，援助波动与受援国贫困强度大致同样呈现一个变形的 "V" 形，其中负向援助波动越大，受援国贫困强度越高，随着负向援助波动逐渐趋于 0，贫困强度也逐渐下降趋向于 0，大致可以说明负向援助波动对受援国减少贫困（减少贫困强度）是不利的。另外，随着正向援助波动的加大，贫困强度也呈现上升趋势，不过上升幅度没有负向援助波动的大，但也可以认为正向援助波动也会恶化受援国贫困（贫困强度上升）。

总体来看，正向援助波动对贫困强度的负面影响要小于负向援助波动，例如，当负向援助波动为 1 个单位时，贫困强度会上升至 0.0475 个单位左右，而如果负向援助波动为 1 个单位时，贫困强度上升至 0.0425 个单位左右，两者相差约 0.005 个单位。

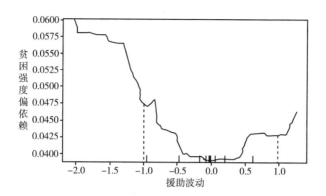

图 6 - 28　援助波动与贫困强度的偏依赖关系

资料来源：笔者根据机器学习软件的结果数据绘制而得。

6.5　本章小结

6.5.1　援助波动对受援国健康贫困的影响

第一，采用 HP 滤波方法对 1989～2017 年 91 个受援国数据进行测算，受援国接受援助资金的不稳定现象普遍存在。

第二，利用二阶段系统 GMM 方法进行计量实证检验，研究表明援助波动确实会恶化受援国健康减贫。具体而言，援助波动会增加儿童死亡率和孕产妇死亡率，降低预期寿命。回到援助本身，其对受援国的减贫确实发挥了积极作用。具体而言：援助能够显著降低儿童死亡率、减少孕产妇死亡率、提高预期寿命。通过采用滞后变量作为工具变量的方法，采用 OLS - FE - 系统 GMM 三种方法对比稳健性检验，变更援助波动测量方法进行稳健性检验，基础回归结论稳健。

第三，基于计量方法的进一步分析发现：无论正向援助波动，还是负向援助波动都对受援国健康减贫不利，其影响存在细微差异性。双边援助波动与多边援助波动对健康减贫没有本质区别，也再次印证了基础回归的结论。

援助波动存在通过卫生健康支出间接作用于受援国健康减贫的影响机制，且表现为遮掩效应。

第四，基于机器学习方法的进一步分析发现，援助波动不是影响受援国健康减贫的重要因素，从儿童死亡率、孕产妇死亡率和预期寿命三个子指标看其影响程度为2%~4%，均低于援助本身的影响。从援助与受援国健康贫困的偏依赖图看，其研究结果与计量结论保持一致，即援助波动确实对减少健康贫困不利，这也再一次验证了计量结论的稳健性，不过，从援助波动偏依赖图可知，正向援助波动对健康减贫的负面影响要小于负向援助波动的影响。

6.5.2 援助波动对受援国经济贫困的影响

第一，从计量实证的角度看，援助的增加有利于帮助受援国减少经济贫困，但并没有发现援助波动会恶化受援国经济贫困。受援国的经济贫困水平会受到上期贫困水平的显著影响，再次印证了贫困具有较强惯性的观点。

第二，通过内生性讨论，对于援助与贫困率、贫困深度和贫困强度之间可能存在内生性问题，主要从理论分析和计量模型来解决。通过理论分析，贫困率可能在一定程度上影响部分类型和一些国家的援助，但整体的逆向因果关系并不成立。研究中使用的系统 GMM 方法，以不同期滞后项作为工具变量，有助于解决可能存在的内生性问题，进一步采用 OLS – FE – 系统 GMM 三种方法对比，大致可以发现基础回归的参数具有一定参考作用。

第三，基于计量方法的进一步讨论发现，滞后 2 期的援助波动会恶化受援国贫困，即援助波动对受援国贫困影响可能存在一定的滞后效应。正向援助波动与负向援助波动对受援国贫困影响没有太大差异，更没有发现正向援助波动对减少经济贫困的影响要优于负向援助波动。

第四，考虑到本书经济贫困指标数据的缺乏，以及计量模型的局限性，本书采用机器学习中随机森林模型再进行实证分析。研究发现：（1）援助波动对受援国贫困率的影响不到 6%，援助波动与受援国贫困率大致呈现一个变形的"V"形关系，其中负向援助波动越大，受援国贫困率越高，正向援助波动也会恶化受援国贫困（贫困率上升）。（2）援助波动对贫困深度的影响不到8%，小于援助的12%，援助波动与受援国贫困深度大致同样呈现一个变形的"V"形。（3）援助波动对贫困强度的影响为8.2%，援助对贫困强度的影响为12.2%。援助波动与受援国贫困强度大致同样呈现一个变形的"V"形。同样可以发现，正向援助波动对经济减贫的负面影响要小于负向援助波动的影响。

第五，如果从全部影响因素看，援助波动对受援国经济贫困的影响显然属于次要因素。从所构建的模型可见影响受援国经济贫困的前2个最重要因素是过去的贫困状况和经济发展水平。

| 第 7 章 |

援助波动对减贫影响的案例分析

本书中第 5 章、第 6 章分别从理论和实证角度考察了援助波动对受援国减贫的影响，所观察的视角总体上偏宏观，而对具体援助项目的资金波动带来的减贫影响缺少观察，对微观的受援主体（社区、家庭、个人）更是少有涉及，难以对援助波动对受援方减贫影响有全面与直观的把握。本章尝试用具体案例分析援助波动对受援主体减贫影响，力图从援助项目的视角加以考察，将考察视角延伸至具体国家、政府、社区、家庭（或个人），以使分析更加深入和全面。本章主要从负向援助波动影响与正向援助波动影响两个角度展开。

7.1 负向援助波动对减贫的影响

案例 1：西方国家切断援助对阿富汗的影响①

2021 年以美国为首的西方国家切断援助，对阿富汗产生了灾难性影响。医疗服务变得极度匮乏是个典型的例子。阿富汗首都喀布尔一家儿童医院

---

① 阿富汗一医院 2 个月内 25 名儿童饿死，医生无工资工作 [EB/OL]. 光明网，https：//m. gmw. cn/2021 - 11/11/content_1302673568. htm，2021 - 11 - 11.

里，2个月时间内至少有25名儿童饿死，这一数字反映了阿富汗儿童严重的营养不良危机。联合国世界粮食计划署公布报告称，粮食严重不足、生活在近乎饥荒环境中的阿富汗人数已增至870万人，比2021年早些时候增加了300万人。因粮食不够，被送往喀布尔一家儿童医院的多名患儿都出现了营养不良情况。由于缺乏来自世界各国的援助资金，阿富汗许多医疗机构和这家医院一样，很难提供医疗服务，甚至直接关闭。医护人员称，"从两三个月前起，营养不良的患者肉眼可见地增加"。此外，医院大部分职员，从医生护士到清洁工，有3个月时间没拿到过工资。

案例启示：以美国为首的西方国家切断对阿富汗的援助，实际上引发了负向援助波动，导致阿富汗的医疗卫生、粮食安全等领域发生危机，导致儿童营养不良、口粮不足、医疗服务匮乏、绝对贫困人口上升。该案例说明负向援助波动对脆弱的受援国会产生直接的巨大负面影响，很容易引发受援国贫困人群的生存危机。此外，该案例说明双边关系是引发援助波动的重要原因。

案例2：外部冲击导致援助资金短缺，致使数百万人的生命处于"危险之中"①

联合国艾滋病规划署的数据显示，在新冠疫情和其他全球危机中，抗击艾滋病毒大流行的进展停滞不前，资源缩减，数以百万计的生命因此处于危险之中。艾滋病规划署发布的报告显示，2020~2021年，全球新感染艾滋病毒人数仅下降了3.6%，这是自2016年以来的最小年度降幅。

资金困难。包括新冠疫情和俄乌冲突在内的全球冲击进一步加剧了艾滋病毒应对工作面临的风险。世界上最贫穷国家的债务偿还额达到医疗保健、教育和社会保护总支出的171%，扼杀了应对艾滋病的能力。中低收入国家用于应对艾滋病毒的国内资金连续两年下降。俄乌冲突使全球食品价格大幅上涨，加剧了世界各地艾滋病毒感染者的粮食不安全状况，使他们更有可能

---

① 资料来源：抗击艾滋病进展缓慢，数以百万人的生命处于"危险之中"[EB/OL]. 联合国，https：//news. un. org/zh/story/2022/07/1106682，2022－07－27.

中断治疗。

在最需要国际团结和资金需求激增的时刻，太多的高收入国家正在削减援助，全球卫生资源受到严重威胁。2021 年，可用于艾滋病毒的国际资源比 2010 年低 6%。在过去十年中，来自美国以外的双边捐助者的艾滋病毒海外发展援助下降了 57%。到 2025 年，中低收入国家的艾滋病毒应对措施所需资金将出现 80 亿美元的缺口。

治疗不平等。报告还表明，确保所有艾滋病毒感染者都能获得挽救生命机会的抗逆转病毒治疗的努力正裹足不前。2021 年接受艾滋病毒治疗的人数增长速度是十多年来最慢的。虽然四分之三的艾滋病毒感染者可以获得抗逆转病毒治疗，但大约有 1000 万人仍然没有得到治疗，只有大约一半（52%）感染艾滋病毒的儿童可以获得挽救生命的药物；儿童和成人在艾滋病毒治疗覆盖率方面的差距正在扩大而不是缩小。尽管有有效的艾滋病毒治疗和预防、检测以及治疗机会性感染的工具，但 2021 年，艾滋病大流行平均每分钟夺去一个生命，这意味着 2021 年有 65 万人死于艾滋病。

案例启示：减少艾滋病感染和死亡是联合国可持续发展目标之一，也是受援国卫生健康减贫的目标之一。对于广大受援国，与艾滋病抗争需要外部资金的援助，然而在包括新冠疫情和俄乌冲突在内的全球冲击下，高收入国家正在削减援助（负向的援助波动发生），导致受援国卫生资源受到严重威胁。具体到抗击艾滋病领域，由于资金不足，导致抗击艾滋病毒大流行的进展停滞不前，数以百万计人的生命因此处于危险之中。因此，负向的援助波动恶化了受援国卫生健康状况，对其健康减贫是不利的。

案例 3：援助资金短缺导致南苏丹人道危机[①]

2016 年 3 月 11 日联合国儿童基金会（以下简称"儿基会"）指出，南苏丹 2016 年人道援助所需资金目前只有 18% 到位，使该国成千上万儿童的

---

① 由于资金严重缺乏 南苏丹儿童等脆弱人群的生命正遭受威胁 ［EB/OL］. 联合国，https：//www. un. org/sustainabledevelopment/zh/2016/03/lack-of-fund-south-sudan-childen-suffer/，2016 – 03 – 11.

生命面临威胁，如果不弥补资金缺口，包括儿童在内的南苏丹脆弱人群将难以得到营养不良治疗、卫生保健和洁净水等挽救生命的支持。

儿基会指出，该机构2016年在南苏丹的人道行动资金缺口达1亿2800万美元；如果得不到资金补充，在该国开展的基本营养供应项目从2016年8月起将无法继续，届时330万名儿童将得不到麻疹疫苗接种，26万受冲突影响的儿童将无法返回学校接受教育，7300名儿童将无法与家人团聚。

儿基会警告，在5月青黄不接的季节，在受暴力最严重的联合州中部生活的4万多人将面临饥荒的威胁。儿基会正向这些民众提供急需的援助。由于粮食价格的攀升，越来越多的城市家庭每天只能吃一顿饭。在首都朱巴，儿童营养不良比例比周边乡村地区要高出3倍。

联合国人道协调厅指出，自2015年12月发出募捐呼吁后，南苏丹人道响应计划所需的13亿美元只有7.8%到位，资金缺口达12亿美元，而该国有610万人需要得到保护和人道援助。

案例启示：有时承诺的援助资金由于某些原因不能及时到位，导致实际收到的援助资金小于承诺金额。对于南苏丹而言，实际上发生了负向的援助资金波动。显然，负向援助波动导致南苏丹脆弱人群（贫困人口）生存状况恶化，包括营养不良治疗、卫生保健、接受教育和洁净水等会恶化，实质上说明援助波动会恶化受援国贫困人群的生存状况。

7.2 正向援助波动对减贫的影响

案例4：对布隆迪援助增加引发政府行为的扭曲①

自2000年阿鲁沙和平与和解协议签署以来，国际社会向布隆迪提供的

---

① Nielsen Hannah, Madani Dorsati. Potential Benefits and Risks of Increased Aid Flows to Burundi [R]. Policy Research Working Paper, 2010, No. 5180. World Bank, Washington, DC. https://openknowledge. worldbank. org/handle/10986/19939 License：CC BY 3. 0 IGO.

外援大大增加。1993 年内战爆发后，几乎所有捐助者的资助都停止了，从 1996 年到 2000 年底签署阿鲁沙和平与和解协议标志着过渡时期的开始，捐助方已经恢复了他们的支持。自 2000 年以来，援助流入缓慢增加，自 2005 年以来大幅增加，2007 年达到 3 亿多美元的水平，相当于国内生产总值的 30% 以上。

2004 年至 2005 年援助流入的显著跃升在援助净额数字中尤为明显，而援助流入总额在过去几年中增长得更为平稳。在援助激增前的 2001 年至 2004 年，援助净流入平均为 9400 万美元，占国内生产总值的 15%。2005 年以来，援助净流入平均为 3.06 亿美元（占国内生产总值的 32%）。因此，2005 年至 2008 年被称为援助激增期。

援助规模的提升给布隆迪进口带来显著变化。布隆迪对援助净流入增加的主要政策反应之一是扩大进口。这一点从非援助的经常账户余额变化与援助变化的比率为 86%（见表 7 - 1）就可以证明。这意味着大部分收到的外汇已被出售并用于进口。进口的增加不仅反映了与援助增加有关的政府直接进口，而且也反映了由于政府和私营部门由援助引起的支出增加而产生的第二轮效应。储备只略有增加，非援助资本账户余额略有改善。

表 7 - 1　　　　布隆迪接受援助飙升引发的进口变化（占 GDP 的比重）　　　单位:%

项目	援助飙升之前 2001～2004 年	援助飙升期 2005～2008 年	援助飙升 前后差异	对援助增量 的吸收
净援助流	14.9	32	17.1	进口增加占援助 增加的 86%
非援助经常账户余额	-18.1	-32.9	-14.7	
非援助资本账户余额	-1.4	1.2	2.6	
储备变化	-4.6	0.3	4.9	

注：表中数据表示平均值。
资料来源：笔者根据案例资料整理而得。

关于对非援助经常项目赤字的进一步研究证实，2001～2004 年进口占 GDP 比重从 18% 扩大到 2005～2008 年的 33%，货物和服务的进口账单都大幅度增加。货物进口占国内生产总值（GDP）的比重从 19% 增加到 28%，服务进口占 GDP 的比重从 7% 增加到 18%。另外，货物和服务出口的绝对值在 2001 年至 2008 年没有显著增长，占国内生产总值的比例基本不变。

此外，所接受援助飙升也引发政府财政支出大幅增加。关于政府使用额外外部资源的情况参见表 7 - 2，该表显示布隆迪已将所获得的增量援助大部分用完。非援助财政收支变动与援助变动的比率为 75.6%。总体而言，非援助财政赤字已从 GDP 的 10% 大幅恶化至近 20%。这大部分可以归因于更高的支出（不包括利息支付），在 2001～2004 年和 2005～2008 年，支出占 GDP 的比例从 30% 增加到 38%。

表 7 - 2　　　　　布隆迪援助飙升引发的政府支出变化（占 GDP 的比重）　　　　单位:%

项目	援助飙升之前 2001～2004 年	援助飙升期 2005～2008 年	援助飙升 前后差异	财政支出增加 占援助增加比重
财政性援助净流入	9.3	21.7	12.3	(8.1% + 1.2%) ÷ 12.3% ≈ 75.6%
收入（不含赠款）	20.4	19.1	- 1.2	
支出（不包括外部利息）	30.3	38.4	8.1	
援助前的总体财政平衡	- 9.9	- 19.2	- 9.3	

注：表中数据表示平均值。
资料来源：笔者根据案例资料整理而得。

布隆迪没有经历其他冲突后国家所预期的冲突后增长高峰。这是在布隆迪接受了大量援助的情况下发生的，大部分援助已经花光。从 2001 年到 2008 年，实际 GDP 平均增长仅为 3.0%，人均实际 GDP 平均下降了 0.3%。尽管在考察期间援助流量增加，但布隆迪未能实现高而可持续的增长率。分析表明，大部分外援已经被用于进口和财政扩张性支出，这意味着非援助经常账户赤字以及援助前的整体财政赤字都有所增加。

启示：对于布隆迪而言，2005～2008 年，援助流大幅增长，即发生了幅度较大的正向援助波动，然而援助流的增加并没有取得预想的效果。援助增加却导致政府行为的扭曲，扩张了政府消费，主要包括进口增加和支出增加，而用于向生产部门和人力资本的投资非常有限，这不利于该国的经济增长，因此也很难实现持久的减贫。可见，正向的援助波动有时会扭曲政府的行为，导致受援国经济发展和减贫目标不能达成。可见，即使是正向的援助波动，对受援国减贫也可能会产生负面的影响。

案例5：世界粮食计划署快速响应援助对收容
社区弱势家庭的帮助①

黛西回忆起她和她的丈夫在绝望的时候敲邻居的门寻求帮助，他们甚至求助于街上的陌生人。

这对夫妇和他们的家人从委内瑞拉西南部的巴里纳斯州迁移到哥伦比亚的阿劳卡边境地区。这是一个艰难的决定，但他们别无选择。他们的家庭很庞大，随着第一个孙子的出生，家庭成员越来越多。

然而，阿劳卡的情况变得更糟，新冠疫情大流行的经济影响给本已因极端天气、武装组织的威胁和暴力而面临多重挑战的社区带来了额外的压力。迁徙所带来的各种风险使情况更加复杂，例如缺乏正式就业和获得基本服务，包括现金转移等社会保护的机会非常有限。

黛西需要心理健康支持："我生病了，我很不舒服"，她说，"我以为是我的心脏问题，但其实是压力要了我的命。"

一个电话提醒黛西一家，粮食援助正在进行中，这是由世界粮食计划署（WFP）和哥伦比亚政府联合实施的一个试点项目，以快速响应式社会保护为中心。

该试点项目扩大了国家社会保障体系的覆盖范围，弱势移民和收容社区现在也被纳入应对新冠疫情的紧急支持范围。这包括向7.2万多名弱势群体发放现金和实物食品，其中包括委内瑞拉移民、哥伦比亚返回者和阿劳卡收容社区的弱势哥伦比亚人。

黛西的家人收到了一笔现金转账，用来购买食物。"有了这些钱，我们可以吃早餐、午餐和晚餐"，她说。这些钱还足够他们在后院建一个小棚子养鸡，他们希望这将成为收入的来源。黛西补充说："我们一直梦想有一个小鸡的小屋。"

---

① Lorena Peña. 社会保障网络如何使哥伦比亚—委内瑞拉边境的家庭更有能力并帮助企业 [EB/OL]. 世界粮食计划署，https://www. wfp. org/stories/how-social-safety-nets-empower-families-and-aid-enterprise-colombia-venezuela-border，2021－08－03.

项目的成功得益于与哥伦比亚政府的密切合作。

这是在社会保护和更广泛的人道主义领域开展工作的群体之间合作的一个例子，以满足弱势群体在充满挑战的时代的需求并应对其面临的风险。在试点设计中，世界粮食计划署与哥伦比亚社会繁荣行政部门、哥伦比亚共和国总统边境管理部门和国家风险管理部门合作。

世界粮食计划署通过试点提供的转移价值与哥伦比亚政府提供的紧急社会保护方案相一致，以确保与国家社会保护体系保持一致。

为了尽快启动试点，世界粮食计划署利用国家社会登记处提供的信息，与地方当局合作，填补数据空白，有效地惠及所有选定的受益者。

"在阿劳卡省所做的一切是值得骄傲的"，哥伦比亚总统边境事务顾问卢卡斯说，"世界粮食计划署的快速反应补充了政府的援助，并在改善移民人口信息方面增加了创新"。

"这发出了一个信息，我们必须推进移民和收容社区之间的融合，我们需要国际社会更多的支持。"

阿劳卡社会繁荣区域主任解释说："我们与世界粮食计划署的伙伴关系提供了一个非常有趣的例子，即开展补充性工作，使受新冠疫情影响、生活在贫困或极端贫困中的家庭重新融入经济。没有世界粮食计划署的支持，我们不可能到达整个地区的数千个家庭。"

世界粮食计划署驻哥伦比亚社会保障官员塔尼亚说："在世界粮食计划署，我们利用国家的优势，在最脆弱的人群最需要的时候共同努力，为他们提供帮助。这是有效支持和协调的一个很好的例子，可以在全国推广。"

对于移民家庭来说，这个试点项目是一条生命线——就像对那些移民到委内瑞拉后返回的哥伦比亚人一样。远离家乡开始新生活并不容易。人们会抛弃家庭、朋友和习俗。在这种情况下，"你需要很多帮助"，黛西说，"你无处可去，我们就像流浪的鸟儿"。

案例启示：快速响应式援助意味着面对突然灾害时，外部能够及时提供援助。对于黛西一家而言，脆弱的家庭环境使生存非常艰难，而当黛西的家人收到了一笔现金转账，对这个困难的家庭而言发生了正向的援助波动，使他们家庭能够购买粮食，甚至可以建一个小棚子养鸡，可以成为增加家庭收入的潜在来源。因此，对于黛西一家正向援助波动显然发挥了重要作用。

此外，世界粮食计划署与哥伦比亚政府合作的援助项目，确实可以为阿劳卡收容社区的弱势人群提供紧急人道主义援助，帮助这些人渡过难关。世界粮食计划署的快速反应补充了政府的援助，使生活在贫困或极端贫困中的家庭重新融入社会。

显然，援助突然而至（正向援助波动）短期会增加黛西一家或阿劳卡收容社区的弱势人群的福利。但是，长期看这种援助是否会导致他们产生援助依赖，或者鼓励懒惰行为，都有可能。或者，哪一天援助突然消失（负向援助波动发生），黛西一家是否能够应付局面都不得而知。因此，即便是正向的援助波动，从长期看其效果还有待观察。

案例6：援助资金对南非抗击艾滋病影响[①]

直到 2008 年，南非的艾滋病疫情还处于失控状态。南非政府应对不力造成了负面作用，到处都笼罩着死亡的阴影。美国于 2003 年启动了一个援助项目（总统防治艾滋病紧急救援计划，President's Emergency Plan for AIDS Relief，简称 Pepfar），以帮助南非有效应对艾滋病。该项目已向南非投入了逾 30 亿美元（约合 185 亿元人民币）资金，主要用于训练医护人员、修建诊所和实验室，以及购买药物。

在接受援助后一段时间，南非艾滋病传播得到了有效控制，新增病例大幅减少。截至 2013 年底的数据显示，母婴传播下降了 90%，新感染病例减少了三分之一，预期寿命延长了近 10 年。

不过，随着 Pepfar 将其有限的预算转移到其他更为贫穷的国家，这条援助渠道正在枯竭。但美国援助正在转向更穷的国家，南非今后会面临数亿美元的资金缺口和缺医少药的难题。

[①] 美援枯竭，南非抗击艾滋病或功亏一篑 [EB/OL]. 中国新闻网，https://www.chinanews. com. cn/gj/2014/08－27/6534192. shtml，2014－08－27.

案例启示：从案例可知，南非由于自身抗击艾滋病不力，导致艾滋病疫情失控。后来由于外部援助项目的介入（正向援助波动）逐渐控制了艾滋病扩散，例如，母婴传播下降了 90%，新感染病例减少，预期寿命延长。显然，该案例说明正向援助波动对南非的艾滋病防治是积极的。

不过，当援助资金的撤离或减少导致负向援助波动，一旦受援国没有其他的资金弥补缺口，可能会使原本的减贫效果恶化。随着艾滋病疫情的好转，Pepfar 项目的援助资金转向别的国家，资金的转移意味着南非可利用的外部援助资源减少，此时负向的援助波动发生了，负向的援助波动对受援国（南非）的艾滋病防治不利，不利于受援国健康减贫。

从该案例可以看出，援助项目的进入与退出会使受援国在不同时期接受援助资金的波动方向发生改变。短期看正向援助波动会导致好的结果，而未来也要积极防范负向援助波动的消极影响。

7.3　本章小结

本章尝试用具体案例分析援助波动对受援国减贫影响，以使分析更加深入和客观。本章主要从负向援助波动、正向援助波动两个角度展开分析，涉及的受援主体包括具体受援国、政府、社区和家庭。从所列举的案例可知，负向援助波动对受援国减贫的负面影响显而易见，其影响涉及医疗卫生、粮食安全、艾滋病防治、营养不良治疗、卫生保健和洁净水等方面。即便是正向的援助波动也可能扭曲政府行为，比如改变收支平衡、扭曲政府财政支出等行为。对于微观的家庭和社区，正向援助波动短期会带来福利增加，但长期看也存在潜在的负面影响。

第 8 章

中国对外援助及研究启示

要科学总结本书对中国对外援助的政策启示，应了解中国对外援助基本情况，才能更好地完善和改进我国对外援助政策。本章将对中国对外援助发展脉络与资金波动状况、中国援助减贫表现等对外援助基本情况进行必要的梳理与分析，结合前文的研究发现总结本书带来的启示。

8.1　中国对外援助及其减贫表现

新中国自成立之初就开始对外提供援助，至今已经过去 70 多年。中国的对外援助具有鲜明的历史阶段性和独特性。

8.1.1　中国对外援助概况

（1）中国对外援助的发展历程

新中国的对外援助活动始于 1950 年，历经多阶段发展，由最初主要出于国家安全和政治利益考虑，到改革开放后逐渐注重政治和经济双重目标，再到 21 世纪结合"一带一路"倡议推动可持续发展。近年来，中国对外援助规模持续扩大，体现了大国责任与担当。

关于我国对外援助发展阶段的划分，不同学者存在不同的看法，但大致的思路是一致的。参考国内学者的研究成果，将其划分为 6 个[①]阶段：第一，起步阶段（1950～1963 年），该时期主要基于政治因素，强调对社会主义国家和反美帝国主义的支持，以巩固国内新生政权。第二，发展阶段（1964～1970 年），该时期为改善国际形势，强调获取发展中国家的支持，援外金额大幅增长。第三，高峰阶段（1971～1978 年），随着中国联合国席位的恢复和建交潮，对外援助急剧增长。该时期内，对外项目援助依旧是最为重要的援助方式，项目数量大幅增长，共帮助 37 个国家建成 470 个项目（石林，1989）。这一阶段虽有助于拓展外交空间，但也存在未量力而行、浪费较严重的问题。第四，初步改革阶段（1979～1994 年），该时期中国开始接受外部援助，并注重援助的经济意义，减少规模但扩大援助面。第五，深化改革阶段（1995～2012 年），中国将援助与经贸合作结合，推出多项举措，逐步形成有特色的援助模式，援助规模稳步增长。该时期内，中国的对外援助规模稳步增长。根据《中国统计年鉴》与张郁慧（2012）研究成果的资料，自 1995 年至 2012 年，中国的对外援助财政支出[②]累计总额约为 1418 亿元人民币[③]，该时间内中国的对外援助（财政支出）占 1950 年以来对外援助约 67%[④]的份额。第六，向国际发展合作转型升级阶段（2013 年至今），该时期中国顺应时代要求，创新援助方式，持续向全球提供发展援助，同时改革管理实现新突破，成立国家国际发展合作署，提升管理能力，推动落实联合国可持续发展议程，应对全球挑战，加强国际交流与三方合作。

党的十八大以来，中国发展进入新时代。我国从全球视角思考责任担当，提出构建人类命运共同体、共建"一带一路"等新思想新倡议，倡导正确义利观和真实亲诚、亲诚惠容理念，在一系列重大国际场合宣布务实合作

---

①　此部分关于中国对外援助不同阶段的划分主要参考张郁慧（2012）的研究成果。

②　使用对外援助财政支出的概念是基于该数据来源于《中国统计年鉴》的财政支出部分，根据《中国的对外援助 2011》白皮书，无偿援助和无息贷款资金在国家财政项下支出，优惠贷款由中国进出口银行对外提供，因此对外援助财政支出不包含优惠贷款部分。

③　该数据实际上仅代表对外援助财政支出，如果包括优惠贷款部分援助规模则会更大。

④　根据张郁慧（2012）、2012 年和 2013 年《中国财政年鉴》的相关资料，由笔者计算而来。

举措，为破解全球发展难题、推动落实联合国 2030 年可持续发展议程提供中国方案，贡献中国智慧，注入中国力量。中国的对外援助顺应时代要求，向国际发展合作转型升级，呈现新气象、实现新发展、进入新时代①。

该时期内，中国的国际发展合作规模稳步增长。根据《新时代的中国国际发展合作（2021）》白皮书，2013～2018 年中国对外援助金额为 2702 亿元人民币，包括无偿援助、无息贷款和优惠贷款，三种方式的援助金额和比重分别是 1278 亿元（47.30%）、113 亿元（4.18%）、1311 亿元（48.52%）。

该阶段，持续向全球提供发展援助，创新对外援助方式。2013～2018 年，中国共向 122 个国家和 20 个国际和区域性多边组织提供援助，其中非洲、亚洲仍是援助重点地区，非洲地区 53 个国家，亚洲地区 30 个国家。对外援助资金分配中，最不发达国家占 45.73%、中低收入国家占 34.77%、中高收入国家占 14.87%、国际组织及其他占 4.63%。该时期内，中国对外援助方式新增南南合作援助基金项目，同时不断创新对外援助方式手段。

该时期改革管理实现新突破，不断丰富对外援助合作内涵，实现了体制改革的突破，2018 年 4 月成立国家国际发展合作署，专司国际发展合作事务。不断提升管理能力，健全援助项目专家论证评审机制，提高项目质量和深度。通过对外援助助力共建"一带一路"国际合作，推动落实联合国 2030 年可持续发展议程，携手应对全球人道主义挑战，加强国际交流与三方合作。

（2）中国对外援助分布情况

中国的对外援助领域分布广泛，主要包括经济基础设施、教育卫生、农业等。中国的对外援助方式主要包括成套项目和一般物资等九种②形式。

成套项目援助一直是我国最重要的援助方式，截至 2018 年底，中国对

---

① 国务院新闻办公室. 新时代的中国国际发展合作（2021）白皮书［EB/OL］. http：//www. gov. cn：8080/zhengce/2021 – 01/10/content_5578617. htm，2021 – 01 – 10.

② 九种形式：援建成套项目、提供一般物资、开展技术合作、开展人力资源开发合作、南南合作援助基金、派遣援外医疗队、派遣志愿者、提供紧急人道主义援助、减免有关国家债务。

外援建 3000 余个成套项目，分布领域广泛（见表 8 - 1 和表 8 - 2）。① 医疗卫生一直是中国的重要援助领域，截至 2019 年累计派出 2.7 万多名援外医疗队员；截至 2019 年底，中国与联合国开发计划署等 14 个国际组织实施南南合作援助基金项目 82 个。② 此外，中国也提供了大量的一般物资和技术合作援助。近些年中国加大了对外紧急人道主义援助。从 2002 年 5 月开始，中国开始向外派出援外志愿者，其中以青年志愿者和汉语教师为主，主要向受援国提供教育、医疗和社会发展服务。

表 8 - 1　　　　中国已建成援外成套项目行业分布（截至 2009 年底）

行业	项目数	行业	项目数
农业类	215	工业类	635
农牧渔业	168	轻工业	320
水利	47	纺织	74
公共设施类	670	无线电电子	15
会议大厦	85	机械工业	66
体育设施	85	化工	48
剧场影院	12	木材加工	10
民用建筑	143	建材加工	42
市政设施	37	冶金工业	22
打井供水	72	煤炭工业	7
科教卫生	236	石油工业	19
经济基础设施类	390	地质矿产勘探	12
交通运输	201	其他	115
电力	97		
广播电信	92	总计	2025

注：本表数据不包括优惠贷款项目。
资料来源：《中国的对外援助（2011）》白皮书。

---

① 资料来源：根据《中国的对外援助（2011）》白皮书、《中国的对外援助（2014）》白皮书、《新时代的中国国际发展合作（2021）》白皮书整理计算而来。

② 资料来源：《新时代的中国国际发展合作（2021）》白皮书。

表8−2　　　　　**2010～2018 年中国对外援助成套项目行业分布**

行业	2010～2012 年项目数	2013～2018 年项目数
社会公共设施类	360	306
其中：医院	80	58
学校	85	86
民用建筑	80	19
打井供水	29	20
公用设施	86	60
其他	—	63
经济基础设施	156	80
其中：交通运输	72	56
广播电信	62	13
电力	22	6
其他	—	5
农业	49	19
其中：农业技术示范中心	26	5
农田水利	21	2
农业加工	2	6
其他	—	6
工业	15	5
其中：轻工纺织	7	—
建筑化工	6	—
机械电子	2	—
应对气候变化	—	13
其中：风能、太阳能	—	10
沼气	—	1
小水电	—	2
总计	580	423

资料来源：2010～2012 年资料来自《中国的对外援助（2014）》白皮书，2013～2018 年资料来自《新时代的中国国际发展合作（2021）》白皮书，"—"表示无数据。

　　中国的援助对象主要是低收入国家，重点关注当地的民生和经济发展，

努力减缓当地的贫困。例如，2013 ~ 2018 年，对最不发达国家的援助比重为
45.73% ，对中低收入国家的援助比重为 34.77% ，对中高收入国家的援助比
重为 14.87% ，对国际组织及其他的援助比重为 4.63%[①]（见图 8 – 1）。按
照地区及国际组织划分，中国最为重要的援助对象是亚洲和非洲，80% 以上
的援助资金用于这两个地区（见图 8 – 2）。

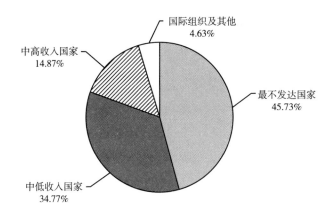

图 8 – 1　2013 ~ 2018 年中国对外援助资金分布（按国别收入水平划分）

资料来源：《新时代的中国国际发展合作（2021）》白皮书。

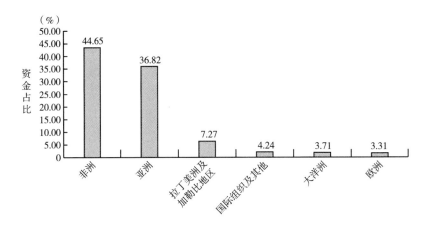

图 8 – 2　2013 ~ 2018 年中国对外援助资金分布（按区域及国际组织划分）

资料来源：《新时代的中国国际发展合作（2021）》白皮书。

---

① 资料来源于《新时代的中国国际发展合作（2021）》白皮书。

8.1.2　中国对外援助资金波动状况

前文简单回顾了中国对外援助基本情况，但对中国提供对外援助资金的波动情况还未深入分析。本节通过整理《中国统计年鉴》数据，[①] 分析中国对外援助资金每年的变化和波动情况。

（1）2000 年以来中国历年对外援助资金波动变化

在 2000 年以前，中国每年对外援助规模较小，而自 2000 年以来，中国对外援助规模快速发展，迅速成长为国际援助资金的重要提供方。此外，2000 年以前中国每年的对外援助数据并没有公布官方数据，因此重点考察2000 年以来中国对外援助波动情况。需要指出的是，目前《中国统计年鉴》上只能查阅到 2004 年以来的历年中国对外援助数据。

根据《中国统计年鉴》资料，可查阅到 2004 ~ 2020 年中国对外援助的数据。其中 2004 年中国对外援助总额为 60.7 亿元人民币，到 2020 年增加至 448.6 亿元人民币，约为 2004 年的 7.39 倍。从发展趋势看，我国对外援助呈上升趋势，尤其自 2014 年援助规模增长幅度更快。其详细数据参见表 8 - 3 中的 AID1 一列。表中同时测算了援助占中国 GDP 的比重，参见表中 AID1/GDP1 一列，从统计年鉴数据看，中国援助规模占国内生产总值处于较低水平，处于 0.03% ~ 0.05% 的范围，其平均值为 0.038%。

表 8 - 3　　　　　　　　2000 ~ 2020 年中国对外援助规模统计

年份	AID1	GDP1	AID1/GDP1
2000	—	100280.1	—
2001	—	110863.1	—

---

①　2011 年、2014 年发布的《中国的对外援助》白皮书、2021 年发布的《新时代的中国国际发展合作》白皮书上只是笼统统计各汇报期内的对外援助数据，对中国每年提供援外资金的波动情况并没有统计。AidData 数据由于统计口径不同等因素，其权威性和准确性没有保障，因此本书中没有采用。

年份	AID1	GDP1	AID1/GDP1
2002	—	121717. 4	—
2003	—	137422. 0	—
2004	60. 7	161840. 2	0. 0375
2005	74. 7	187318. 9	0. 0399
2006	82. 4	219438. 5	0. 0376
2007	111. 5	270092. 3	0. 0413
2008	125. 6	319244. 6	0. 0393
2009	132. 9	348517. 7	0. 0381
2010	136. 1	412119. 3	0. 0330
2011	159. 1	487940. 2	0. 0326
2012	126. 6	538580. 0	0. 0235
2013	158. 5	592963. 2	0. 0267
2014	216. 5	643563. 1	0. 0336
2015	261. 4	688858. 2	0. 0379
2016	303. 2	746395. 1	0. 0406
2017	399. 0	832035. 9	0. 0480
2018	442. 2	919281. 1	0. 0481
2019	471. 3	986515. 2	0. 0478
2020	448. 6	1015986. 2	0. 0442

　　注：AID1 为中国统计年鉴的援助额，按当年价格计算，单位为亿元；GDP1 为当年国内生产总值，单位为亿元；AID1/GDP 为 AID1 占 GDP 比重，单位为%。

　　资料来源：AID1、GDP1 数据来相关年份《中国统计年鉴》。

　　由于国家统计局报告的援助数据过于笼统，有可能低估中国对外援助规模，而学术界常使用的 AidData 数据库，具有详尽的信息来源，因此本书利用 AidData 数据库又重新测算了中国的对外援助规模。AidData 数据库发布有 2000～2014 年中国对外援助国别数据，将其汇总为表 8 - 3 中的 AID2 两列（表中第 5、第 6 列）。根据 AidData 数据库统计，如果按照 2014 年不变美元价格计算，2000～2014 年中国总共提供了约 3543. 54 亿美元，如果按照当年美元价格计算中国 2000～2014 年共计提供了约 2839. 69 亿美元的援助。从 AidData 数据衡量的援助占我国 GDP 比重看，其平均值为 0. 34%。

无论从援助绝对规模还是援助占 GDP 比重指标看，AidData 数据库的援助均远高于国家统计局公布的援助数据。

为直观地观察中国对外援助规模的变化，将中国对外援助规模数据绘制成图 8 - 3。图中 AID1 为中国统计年鉴的援助额，单位为亿元人民币。从AID1 的变化趋势看，2004～2020 年中国对外援助总体稳步上升，2012 年对外援助额有一个下降的波动，总体看每年的援助增长率存在较大差异。

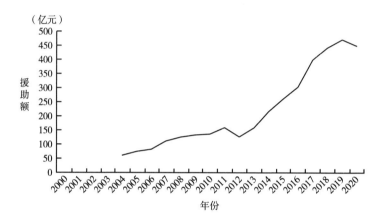

图 8 - 3　2000～2020 年中国提供的对外援助变化趋势

资料来源：相关年份《中国统计年鉴》。

从不同指标观察中国援助资金波动情况（见表 8 - 4）。根据《中国统计年鉴》数据，2004～2020 年中国提供的援助数据看，其最小值为 60.7 亿元，最大值为 471.3 亿元，其极差（最大值减最小值）为 410.6 亿元，最大值是最小值的 7.76 倍，可见其波动幅度较大；2004～2020 年中国援助额的平均值为 218.253 亿元，标准差为 141.943 亿元，离散系数（标准差除以平均值）为 0.650。从 2004～2020 年中国提供援助额占我国 GDP 比重看，最小值为 0.024%，最大值为 0.048%，极差约为 0.024%，平均值为 0.038%，标准差为 0.007%，离散系数为 0.182。

根据《中国统计年鉴》数据，从援助绝对规模看，2004～2020 年，如果按照极差指标衡量，中国援助波动幅度最大为 410.6 亿元；如果按照标准差指标衡量，中国对外援助波动达 141.943 亿元；如果按照离散系数指标衡量，中国提供援助对其平均值的波动程度（或偏离程度）为 0.65。根据《中国统计年鉴》数据，从援助占我国 GDP 比重看，2004~2020 年，如果按照极差指标衡量，中国援助波动为 0.024%；如果按照标准差衡量，中国援助波动为 0.007%；如果按照离散系数衡量，中国援助对其平均值的波动程度（或偏离程度）为 0.182。

分别从不同统计指标看，中国对外援助资金确实存在波动。

表 8-4　　　　　　　　2000~2020 年中国对外援助波动情况统计

项目	2004~2020 年中国援助额	2004~2020 年中国援助额占 GDP 比重
最小值	60.7 亿元	0.024%
最大值	471.3 亿元	0.048%
极差	410.6 亿元	0.024%
平均值	218.253 亿元	0.038%
标准差	141.943 亿元	0.007%
离散系数	0.650	0.182

注：其中极差=最大值-最小值，离散系数=标准差÷平均值。
资料来源：笔者根据《中国统计年鉴》数据计算而来。

（2）剔除时间趋势影响后中国对外援助资金波动

考虑到中国对外援助数据会随着时间而增长，为了剔除时间趋势的影响，也利用 HP 滤波技术将中国对外援助数据进行滤波，然后再观察其波动情况。

观察中国对外援助的总体波动情况。采用 HP 滤波后将中国对外援助变化绘制成图 8-4，从图中可知，中国对外援助存在较大的波动。图中为采用《中国统计年鉴》数据经过 HP 滤波后得到的援助波动数据，滤波后，援助波动范围处于 -35.01 亿元至 29.95 亿元。其中，2004 至 2011 年都是正向波动，而 2012 年存在负向援助波动；而 2016~2018 年的正向援助波动较大，2020 年有一个负向援助波动。

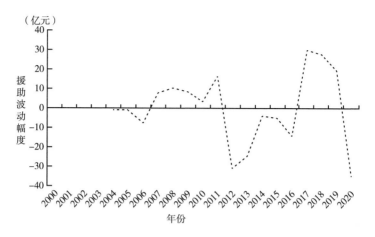

图 8 - 4 滤波后 2000~2020 年中国提供对外援助波动情况

资料来源：笔者根据《中国统计年鉴》数据资料计算绘制而成。

8.1.3 中国对外援助对国际减贫的贡献与不足

（1）中国援助对国际减贫的主要贡献

从国际援助的总规模看，中国的对外援助只占极小部分。显然，从援助资金的规模看，中国在帮助国际减贫方面还有较大的潜力。然而，中国的对外援助具有独特的优势，在帮助受援国减贫方面能够发挥事半功倍的效能。从宏观角度看，中国的对外援助对受援国的减贫贡献体现在以下三个方面。

第一，中国的援助对受援国经济和社会发展提供直接的物资帮助。虽然中国所提供的援助资金规模相对发达国家非常有限，然而由于集中使用，对受援地区的减贫和发展的帮助是客观存在的。中国援助能够促进受援国减贫这一结论也得到了诸多研究的印证（杨攻研等，2021；杨励等，2022）。

从社会救济角度看，中国的援助通过提高教育水平、改善卫生医疗水平、建设公益设施和提供人道主义救援等方式改善了受援国的民生。中国极其重视教育领域的援助，常常通过援建校舍、提供教学器材和资助留学生等形式对受援国的教育事业给予援助。中国通过援建医院、派出医疗队和培训医护人员等形式帮助受援国的医疗卫生事业发展。近年来，中国对广大受援国也提供了大量防疫资金或物资，以帮助受援国抗击新冠疫情。中国也同时在受援国大量援建社会公益设施，使广大当地居民直接受惠。中国也提供大量的人道主义援助，为受援国因自然灾害、政治动荡、疾病或战争等原因造成的灾民或难民提供帮助。

从发展角度来看，中国的援助有利于帮助受援国提升农业发展水平、改善基础设施条件、提升人力资源水平、促进贸易发展和保护环境。中国通过援建大量交通、通信和电力等基础设施，帮助受援国改善基础设施条件。中国通过培训或合作方式，帮助培养人才，增强受援国的发展能力。中国通过提供优惠的贸易条件、培训经贸人员和援助换能源等形式帮助受援国扩大出口，促进对中国的出口（朱丹丹和黄梅波，2017）。由于贫困人口大量集中于农村，对农村地区的援助一直是中国对外援助的重点，中国通过各种农业援助项目帮助受援国发展农业，促进农村的发展和减贫。此外，中国也通过援建清洁能源工程、提供环保设备等形式帮助受援国发展环保产业，促进当地的环保水平。

从重点援助对象看，中国援助也取得了巨大成功。非洲是中国的重点援助对象，中国援助对非洲的潜在影响是重大的（McCormick，2018），中国援助能够显著增加非洲地区受援国对中国的出口总额（朱丹丹和黄梅波，2018），中国对非农业援助提高了受援国地区的农业生产能力（陈玮冰等，2019），从而带动非洲经济发展（熊文驰，2010；汪文卿和赵忠秀，2014），促进了非洲国家居民福利水平的提升（冯凯等，2021）。

第二，中国自身的减贫和发展经验对广大受援国具有很好的借鉴作用。中国自身的减贫成就举世公认，所积累的减贫经验非常丰富，例如，授人以鱼不如授人以渔、坚持自力更生原则、发展权置于优先地位、开发式扶贫、工业现代化带动农业现代化、充分利用劳动力资源优势、基础设施先行、提高农业技术水平、政府主导集中开发扶贫和工业反哺农业等，这些成功的减贫经验本身对广大受援国具有积极的启示作用。中国在开展对外援助活动中也积极融入这些减贫经验，例如中国坚持不附加政治条件的原则，其实就是对发展权置于优先地位的延伸。中国的援助资源大量投入道路、港口、电力、码头和通信等工程建设中，也源于国内对基础设施作用的认识。中国出资为广大受援国的政府官员、科技人员、学生举办各种培训、参观和观摩等活动，大力推广中国的发展经验，就是直接推广中国的发展模式，让受援方能够感受和学习中国的发展经验。

第三，中国的援助模式为受援国提供了另外一种选择。中国的援助与西方发达国家的援助模式具有很大不同，长期广大受援国被置于西方国家的援助模式下，往往须按照西方国家的模式去规划自身的发展道路，然而这些规划并不完全符合各国的实际情况。一方面，由于发展阶段的相似性，中国在对外援助中更能了解受援国的实际需要，也能提供更符合实际的援助；另一方面，也能够促使西方发达国家重新审视自己的援助模式，并不断完善自身的不足。

（2）中国对外援助在帮助受援国减贫的不足

虽然中国在帮助受援国实现减贫方面作出了一定的贡献，然而提升援助的效果是永恒的主题，所以也应看到中国援助在帮助受援国减贫中尚存在的不足。这些不足主要有以下三点。

第一，资金规模尚小，援助减贫作用有限。由于中国还是发展中国家，无论是从援助资金的绝对值，还是从援助资金占本国 GDP 比重看，相比于世界总援助中国援助规模尚小，中国援助在帮助受援国减贫方面存在援助资源不足的难题。在可见的一段时间内，中国也会在力所能及的条件下向外提供援助，因此与世界或者 DAC 援助相比，中国援助占比不可能大幅增加，因此在帮助受援国实现减少贫困方面还是发挥辅助作用。此外，接受中国援助的国家众多，进一步分散了援助资金。而且，受援国减贫主要还是要依靠自己的力量实现长效的减贫，外部援助作用有限。因此中国援助在帮助受援国减贫作用是有限的。

第二，对外援助国际协调不足，降低了援助减贫效果。在中国提供的对外援助中，特别是双边援助中，中国较少会与其他援助方进行援助协调。产生这一现象的原因主要有：一是我国的援助与西方国家主导的援助存在较大的差异，要进行有效援助协调存在现实困难。二是各国提供对外援助时，多少存在基于各自的利益考量，中国也不例外，因此进行援助资金国际协调的主观动力不足。三是包括中国在内的各援助方对援助资金波动的负面影响认识不足，因此对国际援助的国际协调认知不足。各种原因导致对外援助协调不足，提高了援助减贫效果的损失。而在现实中，多边援助的国际协调性要比双边援助好，但包括中国在内的各援助方将对外援助资金全部纳入国际多边援助体系的动力是明显不足的。

第三，对援助减贫效果宣传与援外透明度有待提高。长期以来，我国对中国援外成果和贡献的宣传是存在不足的，导致国内民众对中国援外的信息掌握严重不足，民众对中国在帮助受援国发展方面的认知是不足的。此外，中国对外援助资料、数据发布不够及时和透明，导致民众对中国对外援助政策、资金分配、援助效果的了解度十分不够；此外，由于援外数据资料的缺乏，导致相关领域的研究不够深入，有影响力的研究成果也不够丰富。对外宣传力度不够，加之援助透明度不高，都会降低民众的支持度，甚至形成负面舆论压力，从而不利于开展对外援助工作，对帮助受援国减贫甚为不利。

8.2　对我国援外工作的政策启示

近年来随着中国对外援助规模不断扩大，中国已成为"新兴"援助国中最重要的一员。近年来，大量研究对中国的对外援助给予积极评价（例如，韩冬临和黄臻尔，2016；Morgan，2019；徐国庆，2020；张超汉和冯启伦，2022；唐丽霞等，2022；Dong & Fan，2020；Yahya，2021；Xu & Sun，2022）。这些积极评价主要分为两类：一类聚焦于援助对中国的影响，认为中国对外援助改善了国家形象（张效民，2008），提高了中国的国际地位（杨鸿玺和陈开明，2010），增强了中国的软实力（Morgan，2019），发展了双边关系，密切了经贸往来（熊青龙，2014），促进了国内企业"走出去"（王玉萍，2018），获得了来自受援国的回报（胡美和刘鸿武，2012）。另一类研究聚焦于中国对外援助对受援国的影响，认为中国的援助对受援国发展发挥了重要作用，提升了受援国的经济增长水平（严兵等，2021），提高了受援国对华出口能力（阎虹戎等，2020），降低受援国贫困水平（杨攻研等，2021），显著减少受援国冲突（李嘉楠等，2021）。然而提升援助的效果是永恒的主题，因此有必要从研究中总结有利于促进中国援助减贫效果的政策建议。

援助波动影响减贫效果的政策启示主要涉及对援助波动影响的科学认识、援助资金分配和援助国际协调。由于现行国际援助体系的复杂性，对受援国而言所接受的援助流量的不稳定性是常态。因而，以抑制援助波动的负面影响而优化援助资金分配和加强援助国际协调，是包括中国在内的国际社会所共同面临的课题。

8.2.1　科学认识援助波动的影响

要科学制定和优化中国对外援助政策，减少援助波动的负面影响，政府相关部门应科学认识援助波动的负面影响。

（1）科学认识援助波动对受援国减贫的影响

第一，应该认识到援助波动对受援国减贫是不利的，它会扭曲援助减贫效果。无论是正向的援助波动还是负向的援助波动，长期而言对受援国的减贫都存在负面影响。政策制定者首先应充分认识到这一点。而且，应该认识到援助波动并不是影响受援国减贫的关键因素，而只起到次要作用，当政府部门必须在援助波动与其他因素权衡取舍时，应作出科学的选择。

第二，重视援助波动对受援国的不利影响，尽量减少无谓损失。前文从理论、实证和案例分析都表明援助波动会恶化受援国减贫，然而，当前国内对援助波动的负面影响没有得到应有的重视，至今，国内无论是政府部门、学术界还是援助实践部门，对我国提供给受援国的援助资金不稳定所导致的负面影响重视不足。导致这种现象的原因主要有：一是国内有关对外援助数据的透明度不高，导致学术界很难开展相关的研究；二是相比于国际贸易、国际投资、国际金融，援助资金规模有限，中国援助对受援国减贫影响不容易被观察，至于援助波动所带来的减贫影响更加容易被忽视；三是国内外关于援助波动对受援国影响的研究是一个小众的研究领域，研究的不足导致政府的重视程度不够。从前文机器学习实证分析可知，援助资金波动对受援国贫困的影响较小，然而，这种负面影响却是无谓的损失，可尽量采取措施降低或避免援助资金的波动。因此，我国政府应该重视援助资金带来的负面影响，在分配援助资金时尽可能地控制资金大幅波动，降低援助资金波动的负面影响，提升中国援助资金减贫效果。

第三，降低援助波动应视为提升援助减贫效果的手段。提升援助减贫效果，优化资金使用效率是一个永恒的话题。长期以来，国际社会主要从受援国寻找提升援助有效性的措施，认为提升受援国制度质量、打击援助中的腐败、抑制偏向性增长、防止援助依赖等都是提升援助有效性的重要方面。然而，这些从外部改善受援国的内部因素却很难推进。值得注意的是，对于援助方而言，减少援助资金波动却相对更容易控制，通过降低援助波动幅度减少其负面影响，对促进受援国发展与减贫是一种较容易实现的措施。特别对于中国对外援助而言，我国主张不干涉他国内政，不附加任何条件，因此更难通过外部援助改进受援国内部制度、法律等因素，减少对外援助资金的剧烈波动不失为一个有效提高援助减贫效果的工具。

第四，清醒认识完全消除援助波动影响的复杂性。政策制定和执行部门应充分认识完全消除援助资金波动的难度。首先，无论是从援助资金提供方还是援助资金需求方看，援助资金的上下波动很难完全避免。正如前文分析，世界提供的总援助、DAC 国家提供的援助、中国提供的援助都存在不稳定现象，产生援助资金波动的因素多种多样，既有援助方，也有受援方的，要完全避免援助资金的波动不够现实。中国的对外援助同样存在大量引发波动的因素，自身经济发展、财政收支状况、民众态度、国内政策取向、受援国需要、国际社会压力、双边关系等宏观因素都可能引发不确定性，加之援助资金分配、援助国际协调等也存在不确定性，因此要完全避免中国援助波动很难做到。其次，受援国完全正确预测援助波动难度很大，从而通过构建对冲援助波动基金事实上存在巨大困难。

因此，我国的援外工作在政策制定与落实层面，应该避免援助波动的大起大落，对不同受援国、不同援助项目科学分配援助资金，进行预算管理，及时与受援国进行信息沟通，增加援助资金的透明度，提升受援国对我国援助资金的预判性，减少援助资金波动的负面冲击。

（2）科学认识援助波动影响的差异性

政策制定与执行者应注意援助波动的差异化影响。有关部门不能简单线性理解援助波动对减贫的影响，应充分认识援助波动影响的复杂性，更要从不同维度全面认识援助波动对受援国减贫影响的差异性。

第一，科学认识援助波动对贫困不同维度影响的差异。由于贫困存在多维性，援助波动的影响也存在多维性。例如，援助波动对经济贫困的影响与健康贫困的影响并不完全相同，从因果推断（计量实证）角度看，援助波动对健康减贫影响的证据更加明确，而援助波动对受援国经济贫困的影响尚缺乏明确的证据。政府部门在制定援助政策时要重视援助波动对不同贫困维度的差异影响，特别重视援助波动对健康贫困的负面影响。

第二，科学认识理论与实证研究差异。显然，从理论研究与实证研究两个不同角度看，援助波动对受援国减贫影响是存在差异的，理论研究逻辑性更强，但缺乏数据支撑，而实证研究如果数据质量不好会影响结论的正确性。对于本书中的实证研究，由于受援国经济贫困数据的不连续性，加之很难衡量受援国对援助资金波动的预判概率，可能会影响检验结果。因此，在实证中暂时还未发现的现象，将来可能还需要进一步研究。政府部门在制定相关政策时应该全盘考虑到理论与实证研究差异的影响。

第三，科学认识宏微观差异。政府部门应该认识到援助波动对减贫影响的宏微观差异。例如，由于各援助国提供资金正、负向波动的相互抵消效益，导致从宏观上看某段时间某受援国接受的援助资金波动并不大，然而由于援助最终会分解到不同的援助项目，会落实到具体的受援企业、家庭与个人，从微观受援个体看，可能援助波动会远远高于国家宏观层面，因此援助波动对某些具体的企业、家庭的影响大大增加。所以，政府部门不仅要看宏观层面的援助波动，也要注意到微观个体层面的援助波动，应该重点避免援助资金波动对微观个体的危害。

第四，科学认识中西方国家援助波动影响的差异。由于中国援助属于世界援助的一部分，从援助规模看中国援助规模远远小于西方国家援助，中国援助波动幅度与西方国家援助波动幅度也存在差异，两者对受援国减贫影响的重要性程度也存在差异。而且，如果中国援助波动引发不利影响，国际社会显然会更多责怪中国，因此我国还是要立足控制自己的援助波动，尽量减少对中国国家形象的负面影响。另外，中国对外援助与西方国家援助在援助理念、投放领域、援助形式和援助管理方面都存在差异，因此所导致的援助波动的影响必然存在差异，因此，政府部门在吸收国际经验时要考虑到差异性。

第五，科学认识正负向援助波动的差异影响。政府部门要区分正向、负向援助波动的不同影响，虽然计量实证结果并没有发现正、负向援助波动影响的差异，但从机器学习实证结果看，正向波动与负向波动的影响是存在差异的，正向波动的不利影响程度要小于负向援助波动。同时，也有文献发现正负向援助波动对受援国经济增长存在差异化的影响（Hudson & Mosley，2008a），认为负面援助冲击甚至会引发内部冲突（Nielsen et al.，2011）。因此政府部门需要看到这两种方向的援助波动的差异，适当调整援助资金分配方案。

8.2.2　优化援外资金分配

关于优化援助资金分配已有部分讨论，现有文献主要聚焦于其分配机制上，主要有三种观点。第一种观点认为援助资金应该优先考虑受援国的需要，援助资源应该向人均收入低、需求大的国家倾斜（White & McGillivray，1995）。第二种观点则认为由于受援国内部治理落后导致援助的低效，为了最大化援助减贫效果，援助资源应该多分配给内部治理较好的受援国（Burnside & Dollar，2000）。第三种观点认为援助资金分配应该同时考虑

"受援国需要"和"治理质量"因素，并进行权衡取舍后分配援助资金（Bourguignon & Platteau，2015），认为分配援助应基于受援国的需要、捐助国的利益和吸收能力进行优化设计（Feeny et al.，2019）。虽然现有文献已考虑到应以提升援助减贫效果为目标来合理设计援助资金的分配，但主要从"受援国需要"和"受援国治理质量"角度来优化资金的分配，并没有考虑援助波动的因素。

帮助受援国减贫仅是中国对外援助的主要目标之一，中国的对外援助有时会基于发展对外关系、服务本国需要而进行。例如，某年中国急需增加对"一带一路"共建国家的援助，但需要减少对其他地区的援助，此时提出优化援助资金分配应该是以服务"一带一路"倡议为前提进行的。因此，本节所提的政策建议是在其他援助目标给定情况下，基于减少援助波动负面影响而提的。

基于减少援助波动对受援国贫困的负面影响，应优化援外资金分配，减少援助波动，主要政策建议有以下四个方面。

第一，优化对外援助资金在不同受援方之间分配。随着时间推移，中国的对外援助空间位置会随时间发生转变，当前"一带一路"倡议对中国对外援助分配影响显著（胡建梅等，2021）。援助空间位置的转变显然会影响援助资金在不同受援国的转移，引发援助波动，因此有必要在不同受援国间科学分配援外资金。对发展条件脆弱、贫困程度深、自我筹措资金困难的受援国应保持资金稳定，尽量避免援助资金大起大落；对发展条件较好、贫困程度浅、自我筹措资金能力强的受援国可以适量存在援助波动，但也不宜过大。对重点贫困地区、国家的援助要保持稳定，例如撒哈拉以南非洲地区仍然属于世界最贫困的地区（2019年其贫困率仍为38.3%），而低收入国家到2018年贫困率也依然高达45.3%，因此对这些类型的受援方的援助应该保持稳定或稳定增长，减少援助资金的过大波动导致的负面影响。

第二，优化援外资金在不同贫困领域、不同援助项目间分配。其一，根据援助波动对贫困的不同领域所产生的不同影响优化援助资金分配。例如，研究发现援助波动会增加儿童死亡率和孕产妇死亡率，降低预期寿命，即援助波动会恶化受援国健康减贫。因此我国应降低卫生健康领域的援助资金波动，尽量减少负向援助波动，援助资金正向增长也要保持增速稳定，避免援助资金不可持续性；如果投放健康领域的资金波动不可避免，还应及时提醒受援国准备其他措施对冲援助资金波动。其二，优化中国援外资金在不同项目间分配。项目援助是中国对外援助的主要方式，为避免援助资金的波动，政府部门应加强援助项目资金筹集和预算管理，统筹调配援助资金，减少援助资金不稳定对援助项目的影响。

第三，探索和试点援外资金量化分配。援外资金量化分配，是指利用现代化手段，对我国援外资金进行精确化的管理分配，降低援助资金波动的发生，提升援助资金减贫效果。援外资金量化分配制度建立虽然很难，但可以在局部进行探索性试点。资金量化分配制度的成功依赖于很多条件，例如，科学设定援助总体目标，科学构建数学模型，寻找模型中的关键参数等。如果短期内在受援国国家层面很难构建科学的量化分配模型，也可从具体国家的不同援助项目着手进行有益的探索，例如基于对某受援国总减贫效果最大化，尝试将援助资金在该受援国不同援助项目进行科学分配，以最大化减少援助波动的负面影响，其目标函数可设计为：

$$\max \sum \alpha^i p^i \qquad\qquad (8-1)$$

$$约束条件：\sum A^i = A \qquad\qquad (8-2)$$

其中，i 代表第 i 个援助项目，A 代表援助总额，A^i 代表第 i 个项目接受的援助额，p^i 代表 i 个援助项目对该国贫困的影响（比如贫困率的下降），α^i 代表考虑援助波动影响后的援助减贫弹性。其中援助减贫弹性 α^i 较为关键，在没有可靠的实证数据前，可依据专家意见得出。当然，这里的模型只是一个简单的思考，实际中还有待进一步具体化。

第四，加强援外资金预测管理，优化我国援外资金在不同时间的分配。由于援助波动本质上属于援助资金在时间维度上的突然增加或减少，因此在一段时间内，可通过优化援助资金的时间区间分配来增加稳定性，不过这需要在事前对这一段时间的援助规模有科学的测算，难点是对未来的援助流进行测算。不过，对将来援助资金的测算，一方面可通过援助专家利用专业知识进行定性预判；另一方面可以利用当前比较流行的机器学习方法进行预测，在本书中也部分用到了机器学习方法，例如在援助波动对受援国贫困影响中用到了随机森林机器学习方法，其测试集 R^2 值甚至达到 0.99，证明该方法基本可靠。因此政府部门应该积极引入包括机器学习在内的新方法，尝试对援外资金进行科学预测，从而为优化资金分配管理提供决策依据。为此，政府对外援助职能部门组建相关技术部门或预测小组，借助包括机器学习在内的新方法对未来援助规模或援助需求进行预测，为科学分配不同时点援助资金提供技术保障。

8.2.3 加强援助国际协调

国际援助协调已引起国际社会的高度关注。2002 年的蒙特雷共识认同援助方和伙伴国关系的重要性，并同意协调运作。2003 年的《罗马宣言》进一步承诺对发展援助进行协调。2005 年《巴黎宣言》更加重视援助的协调性，主张改进受援国的主事权，加强同盟和协调。2008 年的《阿克拉行动议程》建议建立更加有效和包容性的发展伙伴关系，提高援助效率和减少援助成本。2011 年的《釜山宣言》重视多样化援助主体的新合作伙伴关系。2015 年的《2030 年可持续发展议程》重视对议程目标的落实，并确认伙伴关系的作用至关重要。可见，国际社会主张通过对援助活动的协调，减少援助重复和浪费，降低交易成本，最终提高援助的有效性。同时，也有部分学者认为援助激增、私人资金和援助分散都会给援助协调带来巨大的挑战（武晋和张丽霞，2012）。

虽然国际社会已注意到加强国际援助协调的重要性，但并没有分析援助协调与援助波动的关系，更没有从抑制援助波动影响角度讨论中国在援助国际协调中的角色和政策优化问题。

要降低援助波动对受援国减贫影响还需要加强国际协调。因此，我国可以提升援助减贫效果为目标，优化设计中国的对外援助国际协调政策。

第一，加强与受援国之间的协调。中国与受援国进行协调也是减少援助波动负面影响的措施之一，加强与受援国间的协调具体有：（1）中国可以与受援国设立各种协调委员会、协调小组，以促进中国与受援国政府之间的信息交流和援助工作的协调；建立不同级别的援助协调机制，以便灵活地进行援助协调，促进不同级别协调工作的顺利开展，不同级别的协调机制可以灵活设置，例如国家级、部门级和项目级。（2）参与受援国经济发展规划。中国与受援国可以针对受援国实际发展情况，对受援国经济发展和减少贫困进行联合规划，将中国的援助统筹其中。同时，加强与受援国开展持续对话，以便中国的援助在帮助受援国制定和实现发展目标和战略方面发挥领导作用。（3）创新援助项目的全过程协调机制，建立包括援助前、援助后续行动和援助评价程序合理化的协调机制，从长期角度稳定援助流动，以便作出更可靠的预算预测，以增加援助透明度，减少援助波动。（4）与受援国分享信息。中国与受援方尽量共享援助减贫信息，对中国而言，尽量对受援国公开自己的援助项目规划、资金筹集和分配、援助项目评估等信息；而受援国应共享援外资金的使用情况、受援地区贫困状况、项目执行情况等。（5）与受援国进行利益协调。一般，当受援国政府与援助国的目标一致时，援助协调无疑是有益的。然而，在利益分歧的相反情况下，如果援助合同不能有效地用于使受援国的利益与援助国的利益保持一致，协调就不一定是有益的。中国政府应与受援国广泛沟通，对各自的利益关切进行协调沟通。

第二，加强与其他援助方的协调。2005 年的《援助有效性巴黎宣言》和 2008 年的《阿克拉行动议程》都将援助协调作为提高援助有效性的关键机制之一。从捐助国的角度来看，援助协调的收获可以被有益地认为属于成本节约和管理效益的范畴（Bourguignon & Platteau，2015）。与其他援助方进行成功援助协调需要注意以下三个方面：（1）优化设计中国与主要国际机构和受援国的协调方式。基于共同利益原则寻找合适的国际伙伴，强化与国际机构的协调。寻找有更多共同利益的援助伙伴进行协调将事半功倍，与中国援助利益冲突大的援助方进行协调显然更困难。一般，与世界银行、联合国等国际机构进行协调更加容易，与援助目标契合度不高的单个西方国家进行国际协调较为困难。因而中国应加强与联合国、世界银行进行援助协调，减少对受援国的援助波动。（2）优化设计国内各对外援助部门、企业、团体间的协调机制。由于中国对外援助涉及不同政府部门、银行机构、企业等，难免出现多头管理，导致援助项目发生资金波动，因此，政府主管部门要加强统一管理，统筹规划援外资金分配，并督促各部门、企业、团体积极对内对外加强信息沟通，及时解决援外资金波动情况发生。（3）权衡协调的代价与利益。对于援助国来说，援助协调的一个挑战是如何在维护国家主权的同时，有效推进援助项目，这可能涉及对政治成本的审慎考量。中国与其他援助方进行协调，也需要权衡协调的代价和利益，在没有这些政治成本的情况下，加强援助工作的协调将会降低交易成本（提供和监督援助的交易成本），减少援助波动也更加简单，并使目标群体获得更高的福利水平。

第三，客观看待援助国际协调中的难题。长期以来国际社会呼吁捐助方更好地协调援助，提高援助流动的可预测性，将援助流动集中到国家主导的项目中，并使用国家系统进行援助管理。为了促进这一协调和统一的进程，鼓励援助者根据其比较优势，将其援助集中于较少的国家和这些国家内较少的部门。不幸的是，大多数观察家发现这些目标在很大程度上仍然难以实现。研究发现，至少在 2006 年之前，在援助者协调和专业化方面几乎没有进展（Aldasoro et al.，2010）。此外，研究发现，在 20 世纪 90 年代末和 21 世纪初，当改善援助者协调和提高其可预测性的第一个倡议已经开始时，援助变得更加不稳定（Bulir & Hamann，2008）。因此，对于我国而言有如下启示：（1）看到援助国际协调的难处。事实上，援助国可能无法协调，因为在缺乏集中决策机制的情况下，为降低援助波动而进行援助的国际协调有时可能举步维艰。（2）避免为协调而协调，强化对外援助决策中的独立性和领导力。（3）重视我国与其他援助国、受援国的差异性。我国与发达国家的援助存在巨大差异，在援助动机、理念方面存在巨大差异，在完全不考虑这些异质性情况下很难与这些援助方进行有效的援助协调。此外，我国与受援国也存在援助利益、目标差异，如何加强协调有时也变得困难。因此，我国不能为了协调而协调，应看到这些差异的不良影响。

8.3　本章小结

本章首先分析了中国对外援助发展与资金波动情况，其次总结了中国对外援助的减贫表现，最后分析了本书对我国援外政策的启示。具体而言，本章的主要研究发现有以下三个方面。

第一，新中国自成立以来，我国就开始对外提供援助，中国的对外援助具有鲜明的历史阶段性和独特性。中国的对外援助领域分布广泛，援助方式多样，中国的援助对象主要是低收入国家，重点关注当地的民生和经济发展，努力减缓当地的贫困。利用不同指标测算，中国对外援助也存在较大波动。2000 年以来，中国对外援助绝对规模呈波动上升趋势，尤其自 2014 年援助规模增长幅度更快。经过 HP 滤波后，我国对外援助都存在较大的波动。具体到不同的受援国，各受援国接受中国援助也存在援助波动情况。

第二，当前阶段中国坚持国际发展合作、倡导正确义利观和真实亲诚、亲诚惠容的援助理念与政策。中国对外援助对受援国减贫的积极贡献主要表现为：为受援国经济和社会发展提供直接的物资帮助，中国自身的减贫和发展经验对广大受援国具有很好的借鉴作用，中国的援助模式为受援国提供了另外一种选择。中国对外援助对帮助受援国减贫也存在不足：一是资金规模尚小、援助减贫作用有限；二是对外援助国际协调有待加强；三是对援助减贫效果宣传与援外透明度有待提高，援助减贫效果没有获得广大民众的认可。

第三，总结了本书对中国援外工作或政策的启示。具体启示有：（1）科学认识援助波动对受援国减贫的影响，深刻认识援助波动在不同维度上对受援国贫困影响的差异性。我国援外职能部门应该认识到援助波动对减贫的负面效应，避免无谓的损失，可将减少援助波动作为提升援助减贫效果的一个措施，但应清醒认识完全消除援助波动影响的复杂性；政府部门应该认识到援助波动对受援国减贫影响的复杂性，科学认识其对不同维度贫困影响的差异，科学认识其对宏观、微观层面受援对象减贫影响的差异，科学认识中国和西方发达国家援助波动的影响差异，科学认识正、负向援助波动的影响差异。（2）我国应优化援外资金分配。我国可优化对外援助资金在不同受援方之间的分配，优化援外资金在不同贫困领域、不同援助项目间分配，探索和试点援外资金量化分配，加强援外资金预测管理，优化我国援外资金在不同时间的分配。（3）加强援助国际协调。加强与受援国之间的援助协调，加强与其他援助方的援助协调，客观看待援助协调中的难题，尽量减少因援助协调不畅导致的援助波动。

| 第 9 章 |

研究总结

9.1 研究主要结论

援助资金波动对受援国减贫究竟产生什么影响是本书关注的中心问题，通过本书的研究，有如下发现。

第一，专门讨论援助波动对受援国减贫影响的文献并不丰富，对援助波动影响减贫的理论机制和实证检验不够深入，关于中国对外援助波动对受援国减贫影响的相关分析还远远不足。

第二，援助波动普遍存在，产生的原因也很复杂。从资金援助方视角看，世界提供的总援助、DAC 提供的援助随时间变化而波动，且 DAC 中主要成员提供援助资金的波动情况也存在较大差异。如果从不同受援地区、受援国家角度衡量，其所接受的援助资金波动存在较大差异。引发援助波动的原因是多元的，主要涉及援助方、受援方和其他方面。由于原因的复杂性，完全消除援助波动将十分困难。

第三，自从 20 世纪 90 年代以来，世界减贫取得了巨大成就，世界贫困呈现下降趋势，但在不同指标、不同区域、不同国家间贫困变化存在较大的差异。

第四，从理论分析视角看，援助波动对受援国贫困的影响是复杂的。

（1）作为诸多帮助受援国减少贫困的手段，国际援助只是起到辅助作用，而援助波动在影响受援国贫困中扮演着次生角色，一般认为援助波动会抑制援助减贫效果。（2）援助波动可通过扭曲受援主体部分行为而恶化援助减贫效果，援助波动对受援国减贫影响程度有限，援助波动对受援国贫困影响具有复杂性。（3）通过构建一个三部门的动态随机一般均衡模型，引入正向援助波动（设其发生的概率为 P）与负向援助波动（设其发生的概率为 1 - P），刻画了援助及援助波动对受援国贫困的影响机制。通过对模型经济系统的分析，发现：援助波动可通过影响企业、家庭和政府行为而影响减贫。接受援助比不接受援助有更多资源用于资本积累和改善家庭生活，从而有利于减贫。对于受援国而言很难完全正确预测援助波动方向与幅度，导致行为扭曲，因而援助波动会不利于发挥出援助的减贫作用，不过正、负向援助波动可能存在差异。

第五，关于援助波动对受援国健康贫困影响的实证检验的主要发现：（1）从计量实证结果看，援助波动确实会恶化受援国健康减贫。具体而言，援助波动会增加受援国儿童死亡率和孕产妇死亡率，降低预期寿命。而援助本身对受援国的减贫确实发挥了积极作用。（2）无论正向援助波动还是负向援助波动都对受援国健康减贫不利，不过其影响存在细微差异性。（3）双边援助波动与多边援助波动对健康减贫没有本质区别，援助波动存在通过卫生健康支出间接作用于受援国健康减贫的影响机制，且表现为遮掩效应。（4）基于机器学习方法的进一步分析发现，援助波动不是影响受援国健康减贫的重要因素，其影响程度介于2% ~ 4%。（5）从偏依赖图发现，正向援助波动与负向援助波动都会恶化受援国健康贫困，但正向援助恶化程度要低。

第六，关于援助波动对受援国经济贫困影响的实证检验的主要发现：（1）从计量实证看，援助本身会减少受援国经济贫困，但并没有证据显示当期援助波动会恶化受援国经济贫困。（2）正向援助波动或负向援助波动对受援国经济贫困都没有显著影响。（3）进一步讨论发现，滞后2期的援助波动会恶化受援国经济贫困，即援助波动对受援国经济贫困影响可能存在一定的滞后效应。（4）通过机器学习方法检验了援助波动对受援国贫困率、贫困深度、贫困强度的影响，发现援助波动也不是影响受援国经济贫困的主要因素，其影响程度介于6%～8.2%。（5）从机器学习的偏依赖图看，援助波动对受援国贫困率、贫困深度和贫困强度的影响呈现不规则的"V"形，显示出正向或负向援助波动都不利于改善经济贫困，且发现负向援助波动的负面影响更大。

第七，从具体的援助案例看，援助波动确实会影响受援国贫困。其中，负向援助波动对受援国减贫的负面影响显而易见。正向的援助波动会扭曲政府行为和家庭行为，从而长期看会不利于受援国减贫。

第八，中国的对外援助具有鲜明的历史阶段性和独特性，我国对外援助同样存在较大的波动性。中国对外援助虽然占世界援助比重较小，但也为世界减贫作出了贡献，同时也存在着不足。因此，我国政府应充分认识援助波动的负面影响，减少援助波动幅度，可从优化援外资金分配、加强援助国际协调方面减少或避免援助波动的负面影响。

9.2 国际启示与研究不足

9.2.1 对国际社会的启示

虽然在第8章总结了本书对中国的启示，对中国的启示大部分对国际社会也是适用的。不过，鉴于中国对外援助与西方国家主导的国际援助存在差异，且中国援助仅是世界援助的一小部分，因此有必要从更宏观层面总结本书对国际社会的启示。

第一，国际社会应重视援助波动的负面影响，加强研究和引导。国际援助在帮助受援国减少贫困中的低效率已得到较多的研究支持，国际社会同样面临提升援助减贫的难题，虽然援助波动对受援国减贫的影响重要性排序并不高，然而减少援助资金波动却是一个较容易实现的措施。因此，国际社会应积极采取措施减少援助资金波动，减少其对受援国减贫的负面影响。另外，国际组织、学术机构、政府部门应该充分发挥各自优势，积极鼓励对援助波动的研究，深入研究减少援助波动的措施，将援助波动的影响降至最低。

第二，国际社会，特别是西方发达国家应减少援助资金的波动。由于国际援助资金主要来自西方发达国家，因此，援助波动的主要策动源来自这些国家，因此国际社会应督促西方发达国家提升援助资金的稳定性。由于多边援助资金分配不容易遭受援助双方关系的影响，为减少援助资金波动，应鼓励西方国家采用多边援助方式，减少双边援助比重。西方发达国家间应加强援助协调，避免援助资金的集中进出，减少援助波动。西方发达国家同样需要提升自身援助信息的透明度，使受援方能按照资金的增加或减少预先安排本国预算，以对冲外部资金波动的负面影响。

第三，国际组织在国际援助资金筹集、分配和协调方面应发挥积极作用。应积极发挥联合国、世界银行等国际组织在援助资金筹集、援助资金分配、援助项目协调、援助信息发布、援助效果评估等方面的优势，积极引导全世界的各援助方、受援方一道科学分配援助资金、加强援助管理，以实现减少援助波动，从根本上减少援助波动的负面影响。

9.2.2 研究不足

由于各种原因，在本书研究中也存在一些不足，这也是未来可以拓展研究的地方，主要包括以下四个方面。

第一，在理论分析中，尝试通过构建数理模型深入分析援助波动对受援国减贫影响，所构建模型为了提高简洁性而显然牺牲了部分现实性，例如没有考虑政府效用、没有考虑受援国的异质性、没有对应的数据进行实证检验等，虽然获得了一些有益的观察，但最终的模型经济分析结果只能简化地刻画援助及其波动的影响，与实际情况可能还存在较大的差异，所构建的理论模型要完全符合现实情况还可以进一步优化。

第二，实证研究中也存在不足之处。援助波动对减贫的影响可能更直接体现在贫困家庭、村落、社区等微观层面，由于缺乏微观数据，本书的实证部分偏宏观，显然是有欠缺的，微观层面的实证检验也是未来深入研究的一个方向。此外，由于贫困内涵的多维度，援助波动对受援国减贫影响应是多维度的，由于对受援国减贫重点聚焦在经济贫困和卫生健康改善上，加之数据可获得性原因，本书重点关注了经济贫困和能力贫困中的健康贫困维度，对能力贫困中的其他维度和反映社会排斥的社会贫困没有涉及，这也是将来研究可拓展的方向。

第三，对于援助波动影响受援国减贫的机制分析主要从理论方面进行了探讨，而在实证检验方面除了检验了卫生健康支出机制外，没有对援助波动影响减贫的其他作用机制进行探讨。主要原因是缺乏相关数据，另外所涉及的作用机制有多种，大大超出了本书的讨论范围，这也是未来可以深入研究的地方。

第四，由于中国对外援助的国别资料缺少官方权威数据，实证中只能采用学界普遍使用的 AidData 数据，存在援助统计口径不一致、数据不新、权威性存疑的问题，后续研究还有待相关权威数据的公布。

参考文献

［1］陈强. 机器学习及 Python 应用［M］. 北京：高等教育出版社，2021：347－348.

［2］陈玮冰，武晋，Bradley C Parks. 基于地理影响评估模型的我国对非农业援助的有效性检验［J］. 统计与决策，2019，35（21）：93－96.

［3］丹比萨·莫约. 援助的死亡［M］. 王涛，杨惠等，译. 北京：世界知识出版社，2010：34－48.

［4］冯凯，李荣林，陈默. 中国对非援助与非洲国家的经济增长：理论模型与实证分析［J］. 国际贸易问题，2021（11）：21－36.

［5］龚六堂，邹恒甫. 财政政策、货币政策与国外经济援助［J］. 经济研究，2001（3）：29－39.

［6］国务院新闻办公室. 新时代的中国国际发展合作（2021）白皮书［EB/OL］. http：//www. gov. cn：8080/zhengce/2021－01/10/content_5578617. htm，2021－1－10.

［7］韩冬临，黄臻尔. 非洲公众如何评价中国的对非援助［J］. 世界经济与政治，2016（6）：134－154，159－160.

［8］胡建梅，郝杰，张意博，等. 中国对外援助的空间演化分析［J］. 世界地理研究，2021，30（3）：454－464.

［9］胡美，刘鸿武. 中国援非五十年与中国南南合作理念的成长［J］. 国际问题研究，2012，1：12－28.

［10］李嘉楠，龙小宁，姜琪. 援助与冲突——基于中国对外援助的证

据［J］. 经济学（季刊），2021，4：1123－1146.

［11］李荣林，冯凯. 对外援助的经济增长效应与机制研究［J］. 上海对外经贸大学学报，2020，27（2）：51－64.

［12］李小云，唐丽霞，武晋. 国际发展援助概论［M］. 北京：社会科学文献出版社，2009：2.

［13］李小云. 中国援非的历史经验与微观实践［J］. 文化纵横，2017，2：88－96.

［14］石林. 当代中国的对外经济合作［M］. 北京：中国社会科学出版社，1989：60.

［15］唐丽霞，赵文杰，李小云. 全球公共产品视角下的中国国际发展合作［J］. 国际展望，2022，14（1）：95－114，160－161.

［16］汪淳玉，王伊欢. 国际发展援助效果研究综述［J］. 中国农业大学学报（社会科学版），2010（9）：102－116.

［17］汪文卿，赵忠秀. 中非合作对撒哈拉以南非洲国家经济增长的影响——贸易、直接投资与援助作用的实证分析［J］. 国际贸易问题，2014（12）：68－79.

［18］王玉萍. 对新时代中国对外援助政策调整的思考［J］. 现代国家关系，2018（8）：11－16.

［19］温忠麟，叶宝娟. 中介效应分析：方法和模型发展［J］. 心理科学进展，2014，22（5）：731－745.

［20］武晋，张丽霞. 国际发展援助的协调：回顾与述评［J］. 中国农业大学学报（社会科学版），2012，29（4）：102－108.

［21］武力超. 国外资本的流入是否总是促进经济增长［J］. 统计研究，2013（1）：53－60.

［22］熊青龙. 官方发展援助的减贫效果研究［M］. 南昌：江西人民出版社，2017.

［23］熊青龙，郑欣，李凤娇. 发展援助对撒哈拉以南非洲减贫影响的实证分析［J］. 国际商务研究，2018，39（6）：38－46.

［24］熊青龙，黄梅波．对外援助能促进国际贸易吗［J］．国际经贸探索，2014，30（10）：4－12．

［25］熊文驰．人权、援助与发展问题——以非洲国家为例［J］．世界经济与政治，2010（8）：77－97．

［26］许滇庆，柯睿思，李昕．总结贫穷之路——中国和印度发展战略比较［M］．北京：机械工业出版社，2009．

［27］徐国庆．中国对非援助再析［J］．晋阳学刊，2020（1）：71－83．

［28］严兵，谢心荻，文博．中国对外援助与受援国经济增长：兼论基础设施的中介效应［J］．世界经济研究，2021（2）：3－18，134．

［29］阎虹戎，张小鹿，黄梅波．互利共赢：中国对外援助与受援国出口能力提升［J］．世界经济研究，2020（3）：95－106．

［30］杨东升，刘岱．国外经济援助与资本积累及国民福利［J］．经济评论，2006（4）：118－124．

［31］杨攻研，刘小玄，刘洪钟．中国对外援助在中低收入国家的减贫效应研究［J］．亚太经济，2021（4）：120－129．

［32］杨鸿玺，陈开明．中国对外援助：成就、教训和良性发展［J］．国际展望，2010（1）：46－56．

［33］杨励，谭伟杰，陈钊泳，等．中国对非援助能否破解反贫困"伊斯特利悲剧"难题［J］．国际经贸探索，2022，38（8）：68－84．

［34］张超汉，冯启伦．中国参与全球卫生治理的法理基础、总体成效与完善路径——以突发公共卫生事件应对为视角［J］．国际法研究，2022（1）：55－68．

［35］张效民．中国和平外交战略视野中的对外援助［J］．国际论坛，2008（3）：38－43．

［36］张郁慧．中国对外援助研究（1950－2010）［M］．北京：九州出版社，2012．

［37］张原．中国对"一带一路"援助及投资的减贫效应——"授人以鱼"还是"授人以渔"［J］．财贸经济，2018，39（12）：111－125．

［38］张原．"中国式扶贫"可输出吗——中国对发展中国家援助及投资的减贫效应研究［J］．武汉大学学报（哲学社会科学版），2019，72（3）：185－200.

［39］郑宇．援助有效性与新型发展合作模式构想［J］．世界经济与政治，2017（8）：135－155.

［40］朱丹丹，黄梅波．中国对外援助能够促进受援国的贸易发展吗？——基于非洲16个受援国面板数据的实证研究［J］．广东社会科学，2017（1）：19－28.

［41］朱丹丹，黄梅波．中国对外援助能够促进受援国的经济增长吗？——兼论"促贸援助"方式的有效性［J］．中国经济问题，2018（2）：24－33.

［42］Abdiweli M A，Hodan S I. Foreign Aid and Free Trade and Their Effect on Income：A Panel Analysis［J］．The Journal of Developing Areas，2007，41（1）：127－142.

［43］Acemoglu D，Johnson S，Robinson J A，Thaicharoen Y. Institutional Causes，Macroeconomic Symptoms：Volatility Crises and Growth［J］．Journal of Monetary Economics，2003，50（1）：49－123.

［44］Adelman I，Chenery H B. The Foreign Aid and Economic Development：The Case of Greece［J］．The Review of Economics and Statistics，1966，48（1）：1－19.

［45］Agenor P R，Aizenman J. Aid Volatility and Poverty Traps［J］．Journal of Development Economics，2010，91（1）：1－7.

［46］Akter S. Do Remittances and Foreign Aid Augment the Gross Savings：Bangladesh，India and Philippines Perspective？［J］．International Review of Economics（Journal of Civil Economy），2018，65（4）：449－463.

［47］Akobeng E. Harnessing Foreign Aid for the Poor：Role of Institutional Democracy［J］．Journal of Economic Studies，2020，47（7）：1689－1710.

［48］Aldasoro I，Nunnenkamp P，Thiele R. Less Aid Proliferation and More

Donor Coordination? The Wide Gap Between Words and Deeds [J]. Journal of International Development, 2010, 22 (7): 920 – 940.

[49] Alvi E, Senbeta A. Does Foreign Aid Reduce Poverty [J]. Journal of International Development, 2012, 24 (8): 955 – 976.

[50] Arvin B M, Barillas F. Foreign Aid, Poverty Reduction, and Democracy [J]. Applied Economics, 2002, 34 (17): 2151 – 2156.

[51] Askarov Z, Doucouliagos H. Development Aid and Growth in Transition Countries [J]. World Development, 2015, 66: 383 – 399.

[52] Bacha E L. A Three-Gap Model of Foreign Transfer and the GDP Growth in Developing Countries [J]. Journal of Development Economics, 1990, 32 (2): 279 – 296.

[53] Bird G, Choi Y. The Effects of Remittances, Foreign Direct Investment, and Foreign Aid on Economic Growth: An Empirical Analysis [J]. Review of Development Economics, 2020, 24 (1): 1 – 30.

[54] Biscaye P E, Reynolds T W, Anderson C L. Relative Effectiveness of Bilateral and Multilateral Aid on Development Outcomes [J]. Review of Development Economics, 2017, 21 (4): 1425 – 1447.

[55] Boateng E, Agbola F W, Mahmood A. Foreign Aid Volatility and Economic Growth in Sub-Saharan Africa: Does Institutional Quality Matter? [J]. Economic Modelling, 2021, 96: 111 – 127.

[56] Boone P. Politics and the Effectiveness of Foreign Aid [J]. European Economic Review, 1996, 40 (2): 289 – 329.

[57] Boone P. Politics and the Effectiveness of Foreign Aid [J]. Review of Development Economics, 2016, 40 (3): 289 – 329.

[58] Bourguignon F, Leipziger D. Aid, Growth and Poverty Reduction—Toward a New Partnership Model [R]. The World Bank, 2006.

[59] Bourguignon F, Platteau J P. The Hard Challenge of Aid Coordination [J]. World Development, 2015, 69: 86 – 97.

［60］ Bourguignon F, Sundberg M. Aid Effectiveness: Opening the Black Box ［J］. The American Economic Review, 2007, 97 (2): 316 – 321.

［61］ Brautigam D A, Knack S. Foreign Aid, Institutions, and Governance in Sub-Saharan Africa ［J］. Economic Development and Cultural Change, 2004, 52 (2): 255 – 285.

［62］ Breiman L. Random Forests ［J］. Machine Learning, 2001, 45 (1): 5 – 32.

［63］ Briggs R C. Does Foreign Aid Target the Poorest? ［J］. International Organization, 2017, 71 (1): 187 – 206.

［64］ Bruton H J. The Two Gap Approach to Aid and Development: A Comment ［J］. The American Economic Review, 1969, 59 (3): 439 – 446.

［65］ Bulir A, Hamann A J. Aid Volatility: An Empirical Assessment ［R］. IMF Staff Papers, 2003, 50 (1): 64 – 89.

［66］ Bulir A, Gelb A, Mosley P. Introduction: The Volatility of Overseas Aid ［J］. World Development, 2008, 36 (10): 2045 – 2047.

［67］ Bulir A, Hamann A J. Volatility of Development Aid: From the Frying Pan Into the Fire? ［J］. World Development, 2008, 36 (10): 2048 – 2066.

［68］ Burnside C, Dollar D. Aid, the Incentive Regime and Poverty Reduction ［R］. Policy Research Working Paper 1937, World Bank, 1998.

［69］ Burnside C, Dollar D. Aid, Policies, and Growth ［J］. The American Economic Review, 2000, 90 (4): 847 – 868.

［70］ Celasun O, Walliser J. Predictability of Aid: Do Fickle Donors Undermine Aid Effectiveness ［J］. Economic Policy, 2008, 23 (55): 545 – 594.

［71］ Chauvet L, Guillaumont P. Aid, Volatility, and Growth Again: When Aid Volatility Matters and When It Does Not ［J］. Review of Development Economics, 2009, 13 (3): 452 – 463.

［72］ Chenery H B, Strout A M. Foreign Assistance and Economic Development ［J］. The American Economic Review, 1966, 55 (4): 679 – 733.

[73] Chong A, Gradstein M, Calderon C. Can Foreign Aid Reduce Income Inequality and Poverty? [J]. Public Choice, 2009, 140 (1): 59 – 84.

[74] Clarke M, Fry T, Mihajilo S. The Volatility of Aid to Small Island States [J]. Pacific Economic Bulletin, 2008, 23 (2), 179 – 202.

[75] Clemens M A, Radelet S, Bhavnan R R, et al. Counting Chickens When They Hatch: Timing and the Effects of Aid on Growth [J]. The Economic Journal, 2012, 122 (561): 590 – 617.

[76] Cobbinah P B, Black R, Thwaites R. Dynamics of Poverty in Developing Countries: Review of Poverty Reduction Approaches [J]. Journal of Sustainable Development, 2013, 6 (9): 25 – 36.

[77] Collier P, Dollar D. Can the World Cut Poverty InHalf? How Policy Reform and Effective Aid Can Meet International Development Goals [J]. World Development, 2001, 29 (11): 1787 – 1802.

[78] Collier P, Dollar D. Aid Allocation and Poverty Reduction [J]. European Economic Review, 2002, 46 (8): 1475 – 1500.

[79] Dalgaard C J, Hansen H, Tarp F. On the Empirics of Foreign and Growth [J]. The Economic Journal, 2004, 114 (496): F191 – F216.

[80] Davies R B, Klasen S. Darlings and Orphans: Interactions Across Donors in International Aid [J]. Scandinavian Journal of Economics, 2019, 121 (1): 243 – 277.

[81] Domar E D. Capital Expansion, Rate of Growth, and Employment [J]. Econometrica, 1946, 14 (2): 137 – 147.

[82] Dong Y, Fan C. The Role of China's Aid and ODI in the Economic Growth of African Countries [J]. Emerging Markets Review, 2020, 44: 1 – 15.

[83] Doucouliagos H, Paldam M. Aid Effectiveness on Accumulation: A Meta Study [J]. Kyklos, 2006, 59 (2): 227 – 254.

[84] Doucouliagos H, Paldam M. Aid Effectiveness on Growth: A Meta Study [J]. European Journal of Political Economy, 2008, 24 (1): 1 – 24.

[85] Doucouliagos H, Paldam M. The Aid Effectiveness Literature: The Sad Results of 40 Years of Research [J]. Journal of Economic Surveys, 2009, 23 (3): 433 - 461.

[86] Dreher A, Fuchs A, Nunnenkamp P. New Donors [J]. International Interactions, 2013, 39, 402 - 415.

[87] Easterly W. The Ghost of Financing Gap—How the Harrod-Domar Growth Model Still Haunts Development Economics [R]. World Bank Policy Research Working Paper 1807, World Bank, Washington DC, 1997.

[88] Economides G, Kalyvitis S, Philippopoulos A. Does Foreign Aid Distort Incentives and Hurt Growth? Theory and Evidence from 75 Aid-Recipient Countries [J]. Public Choice, 2008, 134: 463 - 488.

[89] Elbadawi I A. External Aid: Help or Hindrance to Export Orientation in Africa? [J]. Journal of African Economies, 1999, 8 (4): 578 - 616.

[90] Feeny S, Hansen P, Knowles S, et al. Donor Motives, Public Preferences and the Allocation of UK Foreign Aid: A Discrete Choice Experiment Approach [J]. Review of World Economics (Weltwirtschaftliches Archiv), 2019, 155 (3): 511 - 537.

[91] Gong L, Zou H. Foreign Aid Reduces Labor Supply and Capital Accumulation [J]. Review of Development Economics, 2001, 5 (1): 105 - 118.

[92] Griffin K B, Enos J L. Foreign Assistance: Objectives and Consequences [J]. Economic Development and Cultural Change, 1970, 18 (3): 313 - 327.

[93] Gupta K L, Islam M A. Foreign Capital, Savings and Growth—An International Cross - Section Study [M]. Dordrecht: Reidel Publishing Company, 1983.

[94] Hansen H, Tarp F. Aid Effectiveness Disputed [J]. Journal of International Development, 2000, 12 (3): 375 - 398.

[95] Hansen H, Tarp F. Aid and Growth Regressions [J]. Journal of Development Economics, 2001, 64 (2): 547 - 570.

[96] Harrod R F. An Essay in Dynamic Theory [J]. The Economic Journal, 1939, 49 (193): 14 – 33.

[97] Hodrick R J, Prescott E C. Postwar U. S. Business Cycles: An Empirical Investigation [J]. Journal of Money, Credit, and Banking, 1997, 29 (1): 1 – 16.

[98] Hoeffler A, Outram V. Need, Merit, or Self-Interest: What Determines the Allocation of Aid? [J]. Review of Development Economics, 2011, 15 (2): 237 – 250.

[99] Houndonougbo A N. Aid Volatility and Real Business Cycles in a Developing Open Economy [J]. Southern Economic Journal, 2017, 83 (3): 756 – 773.

[100] Hudson J. Consequences of Aid Volatility for Macroeconomic Management and Aid Effectiveness [J]. World Development, 2015, 69: 62 – 74.

[101] Hudson J, Mosley P. Aid Volatility, Policy and Development [J]. World Development, 2008a, 36 (10): 2082 – 2102.

[102] Hudson J, Mosley P. The Macroeconomic Impact of Aid Volatility [J]. Economics Letters, 2008b, 99 (3): 486 – 489.

[103] Kangoye T. Does Aid Unpredictability Weaken Governance? Evidence from Developing Countries [J]. Developing Economies, 2013, 51 (2): 121 – 144.

[104] Kathavate J, Mallik G. The Impact of the Interaction Between Institutional Quality and Aid Volatility on Growth: Theory and Evidence [J]. Economic Modelling, 2012, 29 (3): 716 – 724.

[105] Knack S, Rogers F H, Eubank N. Aid Quality and Donor Rankings [J]. World Development, 2011, 39 (11): 1907 – 1917.

[106] Kosack S. Effective Aid: How Democracy Allows Development Aid to Improve the Quality of Life [J]. World Development, 2003, 31 (1): 1 – 22.

[107] Kumi E, Ibrahim M, Yeboah T. Aid, Aid Volatility and Sectoral Growth in Sub-Saharan Africa: Does Finance Matter? [J]. Journal of African Business, 2017, 18 (4): 435 – 456.

[108] Levy V. Aid and Growth in Sub-Saharan Africa: The Recent Experience [J]. European Economic Review, 1988, 32 (9): 1777 – 1795.

[109] Lewis W A. Economic Development with Unlimited Supplies of Labour. The Manchester School, 1954, 22 (2): 139 – 191.

[110] Liu Q, Li Z. Aid Instability, Aid Effectiveness and Economic Growth [J]. Development Policy Review, 2022, 40 (1): 1 – 22.

[111] Mahembe E, Odhiambo N M. Development Aid and Its Impact on Poverty Reduction in Developing Countries : A Dynamic Panel Data Approach [J]. International Journal of Development Issues, 2020, 19 (2): 145 – 168.

[112] Mahembe E, Odhiambo N M. Does Foreign Aid Reduce Poverty? A Dynamic Panel Data Analysis for Sub-Saharan African Countries [J]. The Journal of Economic Inequality, 2021, 19 (4): 875 – 893.

[113] Maqsood F, Ullah S. Foreign Aid Volatility and Socio-Economic Dimensions of Human Development Index: A Case Study of Pakistan [J]. Pakistan Journal of Social Sciences, 2014, 34 (1): 59 – 67.

[114] Markandya A, Ponczek V, Yi S. What Are the Links Between Aid Volatility and Growth? [J]. The Journal of Developing Areas, 2011, 44 (2): 41 – 68.

[115] Maruta A A, Banerjee R, Cavoli T. Foreign Aid, Institutional Quality and Economic Growth: Evidence from the Developing World [J]. Economic Modelling, 2020, 89: 444 – 463.

[116] Marysse S, Ansoms A, Cassimon D. The Aid "Darlings" and "Orphans" of the Great Lakes Region in Africa [J]. European Journal of Development Research, 2007, 19 (3): 433 – 458.

[117] Masud N, Yontcheva B. Does Foreign Aid Reduce Poverty? Empirical Evidence from Nongovernmental and Bilateral Aid [R]. IMF Working Paper, 2005 (100).

[118] Matteis A D. Relevance of Poverty and Governance for Aid Allocation

[J]. Review of Development Finance, 2013, 3 (2): 51 –60.

[119] McCormick D. China and India as Africa's New Donors: The Impact of Aid on Development [J]. Review of African Political Economy, 2008, 35 (115): 73 –92.

[120] Mekasha T J, Tarp F. Aid and Growth: What Meta – Analysis Reveals [J]. Journal of Development Studies, 2013, 49 (4): 564 –583.

[121] Michael E. China's Aid and Poverty Reduction in Africa: The Case Study of Ethiopia [J]. International Affairs and Global Strategy, 2017 (59): 1 –11.

[122] Minoiu C, Reddy S G. Development Aid and Economic Growth: A Positive Long-Run Relation [J]. The Quarterly Review of Economics and Finance, 2010, 50 (1): 27 –39.

[123] Mohsen B O, Oyolola M. Poverty Reduction and Aid: Cross-Country Evidence [J]. The International Journal of Sociology and Social Policy, 2009, 29 (5/6): 264 –273.

[124] Morgan P. Can China's Economic Statecraft Win Soft Power in Africa? Unpacking Trade, Investment and Aid [J]. Journal of Chinese Political Science, 2019, 24 (3): 387 –409.

[125] Mosley P, Hudson J, Horrell S. Aid, the Public Sector and the Market in Less Developed Countries [J]. The Economic Journal, 1987, 97 (387): 616 –641.

[126] Museru M, Toerien F, Gossel S. The Impact of Aid and Public Investment Volatility on Economic Growth in Sub-Saharan Africa [J]. World Development, 2014, 57 (5): 138 –147.

[127] Nielsen R A, Findley M G, Davis Z S, et al. Foreign Aid Shocks as a Cause of Violent Armed Conflict [J]. American Journal of Political Science, 2011, 55 (2): 219 –232.

[128] Nowak-Lehmann F, Gross E. Aid Effectiveness: When Aid Spurs Investment [J]. Applied Economic Analysis, 2021, 29 (87): 189 –207.

[129] Oduor J, Khainga D. Effectiveness of Foreign Aid on Poverty Reduction in Kenya [R]. Global Development Network Working Paper Series, Working Paper No. 34, 2009.

[130] Olofin O P. Foreign Aid and Poverty Level in West African Countries: New Evidence Using a Heterogeneous Panel Analysis [J]. Australian Journal of Business and Management Research, 2013, 3 (4): 9 – 18.

[131] Oyolola M. Poverty Reduction, and Economic Freedom [D]. PhD Dissertation, University of Wisconsin, Milwaukee, May 2007.

[132] Pallage S, Robe M A. Foreign Aid and the Business Cycle [J]. Review of International Economics. 2001, 9 (4): 641 – 672.

[133] Papanek G F. The Effect of Aid and Other Resource Transfers on Savings and Growth in Less Developed Countries [J]. The Economic Journal, 1972, 82 (327): 934 – 950.

[134] Papanek, G. F. Aid, Foreign Private Investment, Savings, and Growth in Less Developed Countries [J]. Journal of Political Economy, 1973, 81 (1): 120 – 130.

[135] Rahman M A. Foreign Capital and Domestic Savings: A Test of Haavelmo's Hypothesis with Cross-Country Data [J]. Review of Economics and Statistics, 1968 (1): 137 – 138.

[136] Rajan R G, Subramanian A. What Undermines Aid's Impact on Growth? [R]. IMF Working Paper, 2005/126.

[137] Rajan R G. Subramanian A. Aid and Growth: What does the Cross-Country Evidence Really Show? [J]. The Review of Economics and Statistics, 2008, 90 (4): 643 – 665.

[138] Rajan R G. Subramanian A. Aid, Dutch Disease, and Manufacturing Growth [J]. Journal of Development Economics, 2009, 94 (1): 106 – 118.

[139] Rana P B, Dowling J M. The Impact of Foreign Capital on Growth: Evidences from Asian Developing Countries [J]. The Developing Economies,

1988, 26 (1): 3 – 11.

[140] Ranaweera T. Foreign Aid, Conditionality and Ghost of the Financing Gap: A Forgotten Aspect of the Aid Debate [R]. World Bank Policy Research Paper 3019, World Bank, Washington DC, 2003.

[141] Ravn M O, Uhlig H. On Adjusting the Hodrick-Prescott Filter for the Frequency of Observations [J]. The Review of Economics and Statistics, 2002, 84 (2): 371 – 376.

[142] Roodman D. How to Do Xtabond2: An Introduction to Difference and System GMM in Stata [J]. The Stata Journal, 2009, 9 (1): 86 – 136.

[143] Rosenstein-Rodan P. International Aid for Undeveloped Countries [J]. Review of Economics and Statistics, 1961, (2): 107 – 138.

[144] Rostow W W. The Take-Off Into Self-Sustained Growth [J]. The Economic Journal, 1956, 66 (261): 25 – 48.

[145] Rostow W W. The Stages of Economic Growth [J]. The Economic History Review, 1959, 12 (1): 1 – 16.

[146] Simon M. The Meaning and Measurement of Poverty [R]. Overseas Development Institute Poverty Briefing, 1999 (3): 1 – 4.

[147] Sohnesen T P, Stender N. Is Random Forest a Superior Methodology for Predicting Poverty? An Empirical Assessment [J]. Poverty and Public Policy, 2017, 9 (1): 118 – 133.

[148] Swiss L. Foreign Aid Allocation from a Network Perspective: The Effect of Global Ties [J]. Social Science Research, 2017, 63: 111 – 123.

[149] The World Bank. World Development Report 1990 [R]. Oxford University Press, 1990: 26.

[150] The World Bank. World Development Report 2000/2001 [R]. Oxford University Press, 2000: 15.

[151] United Nations Development Program. Human Development Report 1990 [R]. New York Oxford: Oxford University Press, 1990.

［152］ Urtuzuastigui GA. Bilateral Aid in Sub-Saharan Africa: Are Donor Delivery Tactics Stimulating Economic Growth and Development？ ［J］. Journal of Contemporary African Studies, 2019, 37 (1): 128 – 147.

［153］ Weisskopf T E. The Impact of Foreign Capital Inflows on Domestic Savings in Underdeveloped Countries ［J］. Journal of International Economics, 1972, 2 (1): 25 – 38.

［154］ White H, McGillivray M. How Well is Aid Allocated? Descriptive Measures of Aid Allocation: A Survey of Methodology and Results ［J］. Development and Change, 1995 (1): 163.

［155］ Xu J, Sun C. China's Aid to Africa and Dual Marginal of Recipient Countries' Exports ［J］. Emerging Markets Finance and Trade, 2022, 58 (10): 2292 – 3005.

［156］ Yahya G. Aid with Chinese Characteristics: Competitive and/or Complementary? ［J］. The Pacific Review, 2021, 34 (6): 901 – 925.

后　记

从攻读博士开始，就跟从黄梅波教授开展援助减贫的研究，本书也是自己在援助减贫领域的又一次探索。此书是我的国家社会科学基金项目的研究成果（项目名称："援助波动对受援国减贫影响及其对我国援外政策的启示研究"，批准号：18BJL103），部分内容作了一定的删减，也重新校对了全文。我希望通过这本专著的出版，能够引起更多学者和政策制定者的关注，共同为减少援助波动、促进受援国减贫贡献智慧和力量。

随着这本专著的完成，我心中充满了感慨和感激。回首这段研究历程，我深知每一个字句背后都凝结着无数的心血与汗水。在此，我要向所有给予我支持和帮助的人表示衷心的感谢。

首先，我要特别感谢国家社会科学基金的资助。正是有了这笔宝贵的资金，我才能够顺利地开展这项研究，深入探索援助资金波动对受援国减贫的影响。这不仅为我提供了一个难得的研究机会，也为我后续的研究工作奠定了坚实的基础。感谢国家社会科学基金对我研究工作的认可和支持，这将激励我在未来的学术道路上继续前行，为我国的社会科学研究作出应有的贡献。

同时，我还要感谢江西科技师范大学的资助。在研究过程中，学校为我提供了良好的研究环境和必要的资金支持，使我能够专心致志地投入这项研究。如果没有学校的资助，本书的出版也不可能这么快完成。

此外，我还要感谢我的家人的支持。在我忙于研究的日子里，他们给予了我无尽的关爱和鼓励，让我能够坚持下去，克服困难。记得 2022 年暑假母亲胃癌晚期，为了不打扰我撰写书稿，吵着要我送她回永修老家。如今，母亲已不在，也借本书纪念我的母亲。也非常感谢妻子、孩子的理解和支持，为了完成这项研究，没有更多时间陪伴家人，他们的理解是我最大的动力源泉，也是激励我完成这本专著的重要因素。感谢他们的陪伴和付出，让我在学术道路上不再孤单。

感谢出版社的工作人员，特别感谢朱明静编辑的悉心审稿和建议。再次感谢所有给予我支持和帮助的人！感谢你们陪伴我走过这段难忘的研究历程！

谨以此后记纪念这段宝贵的时光，并期待与各位读者共同分享研究的成果与感悟。

熊青龙

2024 年 7 月于南昌